Les avocats au temps des Lumières

Historiques

Dirigée par Bruno Péquignot et Vincent Laniol

La collection « Historiques » a pour vocation de présenter les recherches les plus récentes en sciences historiques. La collection est ouverte à la diversité des thèmes d'étude et des périodes historiques.

Elle comprend trois séries : la première s'intitulant « travaux » est ouverte aux études respectant une démarche scientifique (l'accent est particulièrement mis sur la recherche universitaire) tandis que la deuxième intitulée « sources » a pour objectif d'éditer des témoignages de contemporains relatifs à des événements d'ampleur historique ou de publier tout texte dont la diffusion enrichira le corpus documentaire de l'historien ; enfin, la troisième, « essais », accueille des textes ayant une forte dimension historique sans pour autant relever d'une démarche académique.

Série Travaux

Renée DRAY-BENSOUSAN (dir.), *Images, cinéma et Shoah*, 2017.

Alain CUENOT, *Pierre Naville, Biographie d'un révolutionnaire marxiste, Tome II. Du front anticapitaliste au socialisme autogestionnaire,* 1939-1993, 2017.

Alain CUENOT, *Pierre Naville, Biographie d'un révolutionnaire marxiste, Tome I. De la révolution surréaliste à la révolution prolétarienne*, 1904-1939, 2017.

Jean-Marc CAZILHAC, *Le Douaire des reines de France à la fin du Moyen Âge*, 2017.

Didier CHAUVET, *Les autodafés nazis. Mémoire du 10 mai 1933*, 2017.

Anne MÉTÉNIER, *Ségrégation raciale aux États-Unis. Six portraits de stars*, 2017.

Didiver CHAUVET, *Hitler et la Nuit des Longs Couteaux (29 juin – 2 juillet 1934), La Sturmabteilung (SA) décapitée*, 2016.

Sébastien Evrard

Les avocats au temps des Lumières

La réforme des assemblées provinciales de 1787

Préface de Pierre Bodineau

L'Harmattan

Du même auteur

L'intendant de Bourgogne et le contentieux administratif au XVIIIe siècle. Paris, de Boccard, 2005.

Les campagnes du général Lecourbe (1794-1799). Paris, L'Harmattan, 2011.

Une troupe de choc dans la Grande guerre : le 20e corps d'armée à travers le témoignage d'un officier d'artillerie. Serpenoise, 2011.

L'Or de Napoléon. Sa stratégie patrimoniale (1806-1814). Paris, L'Harmattan, 2014.

Les Tables de la loi : de l'argile au numérique. La diffusion de la règle de droit à travers les âges. Paris, L'Harmattan, Logiques juridiques, 2014.

Carnets militaires du général Lecourbe (1794-1799). Un chef de guerre sous la Révolution. Paris, L'Harmattan, 2014.

Réformer l'administration et réformer l'État. Jalons historiques et juridiques (dir.) Paris, L'Harmattan, Questions contemporaines, 2015.

Gabelous et contrebandiers. Histoire des fermiers généraux de Dijon (1760-1780). Paris, L'Harmattan, 2015.

L'édition et le droit. Regards français et étrangers sur les mutations engagées (dir., avec J.-L. Piotraut). Paris, L'Harmattan, Socio-économie de la chaîne du livre, 2016.

De par le fer et le feu. Souvenirs d'un officier d'artillerie lorrain. Ysec, 2016.

Le livre, le droit et le faux. Essai sur la contrefaçon de l'édition juridique au Siècle des Lumières. Paris, L'Harmattan, Socio-économie de la chaîne du livre, 2017.

5-7, rue de l'École-Polytechnique, 75005 Paris
http://www.editions-harmattan.fr
ISBN : 978-2-343-11850-5
EAN : 9782343118505

Sommaire

1. Le monde des avocats en 1787 :
une société en ébullition 17

2. Des avocats qui interviennent dans la tutelle
Administrative 37

3. Une réforme institutionnelle qui offre de nouveaux
rôles aux avocats 59

4. Le choix des avocats conseils : entre ténors
et petits, l'émergence des espoirs 83

5. Des barreaux critiques de la réforme de 1787 129

Préface

On sait le rôle important joué par les avocats dans le premier mois de la Révolution française, aussi bien dans l'élaboration des cahiers de doléances que dans les débats des États généraux, puis ceux de l'Assemblée Nationale Constituante.

L'influence de ces « *habités de la parole* » (François Furet) tient davantage à leur capacité à formuler des arguments et des propositions à l'aide d'un vocabulaire nouveau qu'ils maîtrisent très vite, qu'à leur nombre, moins important qu'on ne le pense généralement. Mais on connaît mal ce monde pléthorique et hétérogène que l'on peut observer aussi bien dans la capitale que dans les grandes villes de province qui hébergent cours de justice et officiers de juridiction.

Sébastien Évrard connaît bien ces avocats-conseils qui commencent à travailler avec les intendants et mettent leur science et leur pratique au service d'une administration publique plus efficace ; il a bien montré comment ces hommes sont ainsi des passeurs, posant peu à peu les bases d'un « *vaste corps de règles administratives* » qui constituera, comme l'a si bien montré Jean-Louis Mestre, notre droit administratif.

Sa bonne idée est de confronter ces avocats à la réforme territoriale de 1787, réforme trop tardive pour faire sentit ses effets mais qui annonce les décisions futures de la Constituante deux ans plus tard. Ce sont souvent les mêmes membres des conseils d'avocats des intendants qui sont sollicités pour aider les nouvelles assemblées provinciales, comme le révèlent les dépouillements effectués tant aux Archives nationales que dans les dépôts d'une dizaine de départements. La réforme divise les barreaux : entre ceux qui défendent les communautés d'habitants et ceux qui sont devenus les conseillers de l'administration provinciale se dessinent déjà les divergences entre partisans des pouvoirs locaux et ceux qui ne veulent qu'une simple déconcentration administrative.

Sébastien Évrard nous livre aussi une belle galerie de portraits : cinquante-quatre avocats où il reconnaît des « *ténors* » comme Garat ou Target ; des « *espoirs* » comme Arnoult, avocat de l'intendant de Bourgogne Amelot mais aussi de Voltaire ou Couthon, au destin exceptionnel et tragique ; enfin, des « *petits* » dont les destins sont variés ; un grand nombre d'entre eux feront de belles carrières de magistrats ou de jurisconsultes sous le Consulat et sous l'Empire. La qualité de beaucoup d'entre eux est bien symbolisée par le beau portrait de Joseph Delaunay, membre du comité contentieux de l'intendant de Tours et député à la Convention, peint par Laneuville : c'est le visage d'un homme qui croit en une société plus juste où l'ordre social ne peut être garanti que par la règle de droit.

Pierre Bodineau
Professeur émérite à l'Université de Bourgogne

Introduction

« Nous avons des livres vivants, qui sont les avocats » (Montesquieu, *Lettres persanes* (lettre 68)[1].

Toute institution digne de ce nom est appelée à durer et à défier le temps. Tel est le propre dans la conception des juristes ; toutefois, il apparaît des circonstances particulières dans lesquelles la tradition présente des défauts : auquel cas il convient d'en faire la modification et de la réformer, faute de quoi les évènements risquent de fragiliser l'institution, et de détruire tout ou partie d'elle-même.

Notre propos consiste à évoquer l'une de ces réformes – elles sont très nombreuses[2] – mise en place sous le règne de Louis XVI : celle des assemblées provinciales en 1787. Elle consiste à mettre en place une nouvelle répartition des autorités administratives et à créer des assemblées pluralistes là où il n'en existe plus, depuis la disparition des états provinciaux en pays d'élection[3]. Ainsi, la réforme territoriale – déjà – revenait à reconsidérer le mille-feuilles administratif autour de nervures remarquables : collégialité, élection... Apparaît alors un système rationalisé à trois étages sous la forme d'une pyramide (province, département, municipalité), qui préfigurait la construction mise en place sous la Révolution pour refonder l'administration territoriale.

Si l'institution est nouvelle, le personnel qui siège dans ces diverses assemblées repose sur un mélange d'élection et de nomination (réalisée par le chef de l'État). Émerge alors des particuliers qui vont exercer des compétences administratives et apprendre à en tirer parti. Ainsi apparaissent des personnalités mythiques, telles que La Fayette, Sieyès, Couthon, Lavoisier, Rochambeau et de tant d'autres qui concourront bientôt à transformer les États-Généraux en assemblée nationale constituante (17 juin 1789). Mais, avant d'en arriver là, nous souhaitons replacer les avocats plus proches du système politique qu'ils ne paraissent l'avoir été. En effet, ceux-ci ont occupé des responsabilités importantes, mais l'administration les a occultés, quand bien même ils contribuaient à administrer le territoire sous la férule des commissaires départis. Certes, l'absolutisme et la centralisation existaient[4], mais ils étaient tout de même tempérés par le caractère des intendants et par le contrôle que le Conseil du roi exerçait sur les actes de ces derniers[5].

Cette réforme des assemblées provinciales, en remettant les avocats au cœur du système administratif là où une importante césure s'était produite au XVIe siècle, s'efforçait de tirer les leçons de tentatives de rénovation locales réalisées par des intendants : ici et là, des administrateurs locaux s'entouraient d'avocats – dûment choisis pour leurs qualités - auxquels ils confiaient des dossiers pour avis[6]. Ce partage des tâches préfigurait, pour certains, les futurs conseils de préfecture napoléoniens mis en place par la future loi de pluviôse an VIII qui réformait l'administration et le contentieux administratif[7].

À travers des sources neuves[8], il est opportun de revenir sur cette réforme certes mort-née, mais qui apparaît tout de même comme une singulière tentative de réformer l'administration territoriale. Derrière cette tentative, émerge aussi un souci louable de rationalisation des structures qui, pour la plupart, avaient mal vieilli : la cohérence et l'unicité devaient enfin succéder à la diversité. Or, comme on le sait, la construction administrative du royaume de France s'était édifiée par sédimentations successives, formant ainsi une sorte de mille-feuilles territorial assez baroque. D'où le maintien de statuts parfois très disparates, politiquement délicats à aménager.

Cependant, c'est un projet très ambitieux auquel s'attelle le gouvernement, dont l'objet consiste à modifier la collecte de l'impôt, l'entretien des infrastructures et à déconcentrer une partie de l'administration. Reste que le gouvernement profite de cette réforme pour apporter un semblant d'ordre et d'unité à un système qui en manque. Il s'agit donc d'apporter deux choses :

- un élément de cohésion administrative
- insuffler un esprit nouveau dans les rouages de l'autorité locale.

Cette remarque avait déjà été faite par Tocqueville. Dans *L'Ancien Régime et la Révolution*, il relevait que « *le génie unitaire de la Révolution possédait déjà ce vieux gouvernement que la Révolution allait abattre*[9] ».

Compte-tenu du nombre des assemblées en question (près de 27), on a recouru à des dépouillements sur place, ainsi qu'aux procès-verbaux imprimés, en leur temps, sur cette réforme[10]. Toutefois, neuf d'entre elles nous livrent des résultats imparfaits[11], trois autres étant ajournées[12]. Les résultats de 18 assemblées nous permettent de disposer d'une solide base de réflexion.

Qui ont donc été ces avocats qui ont siégé dans ces assemblées en peuplant leurs conseils ? Comment ont-ils été choisis pour seconder l'administration dans l'examen des dossiers qui leur étaient confiés ? On s'aperçoit que ces avocats sont, pour une partie d'entre eux, des ténors du barreau de l'époque – on y croise plusieurs bâtonniers et des jurisconsultes distingués - quand d'autres, en revanche, sont plus méconnus. Il faut donc dépasser la formule lapidaire qui réduisait ces assemblées à de simples « *conseils de notables* » (A. Mathiez)[13].

Nombre d'entre eux allaient, quelques mois plus tard, siéger dans l'assemblée nationale qui allait résulter de la scission des états généraux[14]. En définitive, ces avocats ont, après avoir compris comment fonctionnait le système, pris le contrôle de la situation et déclenché une révolution politique qui allait les placer en mesure de changer radicalement les choses. Ce n'est qu'en l'an VII qu'avec Bonaparte, ces anciens avocats allaient participer à la stabilisation du système et concourir à former les « *masses de granit*[15] » que le

Premier consul allait donner au pays. Pour reprendre la formule du plébiscite de décembre 1799, *la « révolution était alors terminée aux principes qui l'avaient commencé* » (il fallait donc clore la phase active de la Révolution et mettre en place la stabilité des institutions sur la base d'une synthèse entre les principes révolutionnaires et le retour partiel à l'ancien droit). Mais avant d'en arriver là, revenons sur cette réforme oubliée : elle place les avocats au centre du système, après les avoir mis de côté depuis le XVIe siècle. C'était donc une réaction rationnelle des pouvoirs publics qui consistait à revenir partiellement sur la société des offices, clef de l'Ancien Régime déclinant. Les avocats revenaient donc en force mais, comble du destin, ils allaient disparaître après avoir contribué à fomenter une révolution politique. La France entrait alors en révolution, faute d'avoir réussi ses réformes.

Notes de l'introduction.

1 Cet exergue du célèbre écrivain illustre l'importance qu'occupent les avocats dans l'édition juridique française. Au XVIIIe siècle, une grande majorité des auteurs exerce la qualité d'avocat. Dans nombre d'œuvres, individuelles soit collectives, les avocats sont en effet surreprésentés.

2 A. Becchia, *Modernités de l'Ancien Régime (1750-1789).* Rennes, PUR, 2012.

3 Depuis la mise en place de l'absolutisme, c'est-à-dire depuis l'époque de Richelieu (1635) jusqu'en 1664. Une dizaine d'états provinciaux ne sont plus réunis, après avoir refusé d'entériner la hausse de la pression fiscale décidée par le gouvernement.

4 Sur cette notion centrale du siècle des Lumières, cf. R. Descimon et F. Cosandey, *L'Absolutisme en France : Histoire et Historiographie.* Points histoire, 2002.

5 On se permet de renvoyer à notre ouvrage *L'intendant de Bourgogne et le contentieux administratif au XVIIIe siècle.* Paris, de Boccard, 2005.

6 S. Évrard, « Les compétences de l'intendant en matière contentieuse : heurts et malheurs d'un modèle contesté au crépuscule de l'Ancien

Régime », « *Intendant et intendance en Europe et dans les Etats de Savoie XVII*e*-XIX*e *siècles* », *Actes du colloque international de Nice* (25-27 octobre 2012), Serre, 2016, p. 77-92.

[7] Sur celle-ci, F. Burdeau, Les réformes de l'an VIII dans l'histoire des juridictions administratives locales, dans CURAPP, *La loi du 28 pluviôse an VIII*, PUF, 2000, p. 41-48.

[8] Celles qui intéressent notamment les comités contentieux d'avocats (archives départementales, désormais AD, de Gironde et de l'Hérault).

[9] Dans l'édition de 1866, p. 287.

[10] Parmi les archives manuscrites consultées : Archives nationales, AD Calvados, AD Gironde, AD Hérault, AD Marne, AD Meurthe-et-Moselle, AD Moselle, AD Orne, AD Rhône, AD Saône-et-Loire, AD Seine-et-Marne, AD Seine-Maritime.

[11] Les archives du Loiret ont brûlé lors des évènements de juin 1940.

[12] Celles de Bourbonnais, Flandre, Franche-Comté. Celles de Bordeaux, Limoges et La Rochelle sont momentanément stoppées.

[13] Il est vrai que nommées en 1787, ces personnalités devaient, en 1790, être élues par les populations.

[14] « *1.400 personnes environ ont participé aux travaux des commissions intermédiaires provinciales, à titre de procureurs-syndics, de simple membre, ou de greffier. Parmi elles, une trentaine au moins ont siégé à la Constituante* » tels que Thouret et Sieyès. Ce dernier « *avait appartenu à la Commission d'Orléanais, mais son activité y avait été très effacée* » (P. Renouvin, *Les assemblées provinciales de 1787. Origines, développements, résultats.* Paris, 1921, p. 397). « *121 administrateurs provinciaux ont été constituants (dont 45 nobles)* » (note 1 p. 397). Cf. E.-H. Lemay, *Dictionnaire des constituants (1789-1791).* Paris, Universitas, 1991, 21 vol.

[15] Ces institutions destinées à défier le temps, qui allaient permettre à la société française de se stabiliser, après l'instabilité consécutive aux bouleversements de 1789.

Chapitre 1

Les avocats en ébullition

Depuis leur apparition au XIIIe siècle – une ordonnance royale de 1274 entérine leur existence[16] -, les avocats se sont fait une place éminente dans la société d'Ancien Régime. Quoique régulièrement moqués dans la littérature (depuis Rabelais, Corneille jusqu'à Racine et Balzac), ces juristes occupent une fonction primordiale dans la défense des causes particulières et celles des communautés d'habitants. Une ordonnance ultérieure de 1291 ajoute le Tableau (parfois appelé « *matricule* »), qui permet aux avocats d'être visibles pour la clientèle. Aussi ce tableau est-il régulièrement tenu à jour et imprimé, car l'avocat qui y est inscrit peut – et lui seul - taxer les conseils qu'il livre à sa clientèle[17].

Ils bénéficient du monopole de la consultation (depuis un arrêt de 1344 ; ils sont alors au nombre de 51 attachés au parlement de Paris) et reçoivent des honneurs après avoir prêté serment : la Cour devant laquelle ils s'inscrivent doit alors procéder à la vérification de leurs qualités le jour de leur prestation de serment. Ils échappent pendant un temps à la taille royale et peuvent conserver la noblesse. En échange de ces éléments de sociabilité, l'avocat est astreint à un code de déontologie depuis octobre 1535 : il ne peut taxer librement ses clients, car il doit établir ses honoraires en fonction de la difficulté du dossier sur lequel il travaille, de l'éloignement de la juridiction ; il doit signer ses écrits... Surtout, il est convenu que l'avocat doit travailler gracieusement pour les pauvres : le riche doit être, en théorie, aussi bien défendu que le pauvre, d'où l'apparition d'un système particulier d'assistance judiciaire[18]. Le barreau est aussi mieux organisé : il se dote d'un conseil intérieur présidé par un doyen. Celui-ci doit, chaque année, mettre à jour le tableau de l'ordre et assurer la direction morale des intérêts de la profession. Et les douze plus anciens avocats inscrits bénéficient d'un privilège de juridiction ; celui du droit de *committimus*[19] (ils sont alors justiciables devant la chambre des requêtes du parlement). Parmi les obligations, celle de fixer les honoraires par écrit - issue de l'ordonnance de Blois de 1579 - est mal vécue : les avocats y voient une forme de méfiance à leur égard, car on pourrait douter du travail réalisé pour leur clientèle.

Depuis 1344, la profession d'avocat, qui doit porter une robe de couleur variant en fonction du statut de celui qui la porte[20], se distingue entre trois groupes : le premier est composé des stagiaires : ils doivent, frais émoulus des facultés de droit, travailler chez un avocat et être bien apprécié par ce dernier durant un laps de temps fixé par le parlement (il varie de deux à cinq ans, en Dauphiné notamment[21]). Le second groupe, ensuite, comprend les plaidants : ceux-ci se déplacent physiquement devant la justice pour y plaider les dossiers de leurs clients. Enfin, le dernier groupe est celui des consultants : il représente les avocats les plus expérimentés, c'est-à-dire ceux qui sont consultés (mais qui ne plaident pas, déléguant cette mission à la seconde catégorie) pour des affaires particulièrement importantes, par des plaideurs éminents et disposant d'importants patrimoines (communautés religieuses, personnalités de la haute noblesse, commerçants aisés…). Y sont compris des ténors tels qu'Elie de Beaumont, Ferey, Sallé, auteur de *L'esprit des ordonnances de Louis XV*.

Plus tard, une seconde distinction sépare ceux qui plaident au sein du barreau – les avocats au parlement -, et ceux qui exercent des activités extérieures au barreau après avoir réussi l'examen et avoir prêté serment auprès d'un parlement – les avocats en parlement. Le titre d'avocat était nécessaire pour accéder à certaines fonctions – pour acquérir un office de judicature -, mais nombre de ceux qui prêtaient serment ne s'inscrivaient pas au tableau[22]. Ainsi donc, « *dans l'usage on appelle avocats en parlement, ceux qui n'en ont que le titre ; avocats au parlement, ceux qui se livrent à l'exercice de la profession*[23] ».

Déjà, les maisons princières s'organisent pour mieux défendre leurs droits ; pour ce faire, elles disposent de « *conseils* », où siègent des juristes réputés. Princes du sang et autres princes s'entourent de juristes et les rémunèrent en conséquence. Cette tradition survivra quelque temps après la Révolution, puisque l'empereur Napoléon Ier lui-même instaurera un tel conseil pour sa propre liste civile (1804-1814)[1]. Cette importance de l'avocat consultant lui ouvre les portes de la haute magistrature : il porte en effet le titre de conseiller et depuis une ordonnance de 1363, il siège aussi sur les Fleurs de Lys – donc sur les bancs de la magistrature qui est pavoisée des symboles de l'autorité royale.

Les avocats sont aussi très actifs dans la littérature juridique : nombre d'entre eux, depuis l'époque de Beaumanoir et ses *Coutumes de Beauvaisis* (XIIIe siècle), se plaisent à écrire dans tous les genres que l'édition juridique connaît. Cette tradition se maintient jusqu'au siècle des Lumières, où les avocats sont, plus que jamais, surreprésentés comme auteurs[24]. Au sein de la société française, l'avocat occupe une place bien enviée : il est la pépinière des administrations et de la justice ; aussi le gouvernement tire-t-il de ses rangs la magistrature et le chancelier de France, plus haute personnalité de l'Etat, en est-il issu, puisque tout officier de justice doit avoir fait un stage.

Un tournant essentiel intervient dans la première moitié du XVIe siècle : pour financer les conflits extérieurs – notamment celui d'Italie, rêve de conquête des Valois -, le gouvernement accroît la pression fiscale mais cela ne lui suffit pas : il recourt donc à un autre mécanisme destiné à compléter les revenus publics tout en soulageant le contribuable. C'est la naissance de la vénalité des offices (1522) qui sera complétée, en 1604, par l'hérédité[25]. Désormais, tout juge qui souhaite servir dans la justice royale doit

---

[1] Cf. notre ouvrage *L'Or de Napoléon, Sa stratégie patrimoniale (1806-1814)*. Paris, L'Harmattan, 2014, 169 p., ainsi que « Napoléon Ier et le droit. Le comité des affaires contentieuses de la Couronne, institution inédite du Premier Empire », *Revue historique de Droit*, avril-juin 2011, n° 89, p. 215-245. La tradition de ces « *conseils* » sera reprise par les souverains français successifs jusqu'en 1870.

se faire pourvoir d'une charge en versant une somme à l'État, somme plus ou moins élevée en fonction du rang et du prestige de la charge. En droit, l'office est vu comme un meuble et comme un emprunt perpétuel contracté par l'État auprès d'un particulier. Ainsi donc, l'avocat n'est plus le pourvoyeur unique des charges de la magistrature ; désormais, une sorte de « *mur d'argent* » empêche les avocats d'acquérir des charges et d'occuper des emplois à la hauteur de leurs lumières et de leur savoir, ce dont Voltaire se fera témoin en dénonçant des juges incapables, ayant acquis leur charge de juge comme d'autres le font avec une « *métairie* ». Se font donc face les juges titulaires d'un office et les avocats, les seconds se prévalant de leur indépendance, de leur culture et de leur statut social. Ce face-à-face entre juristes n'est cependant pas un antagonisme ouvert, mais feutré. Après tout, l'État est conscient que la magistrature, si elle rend un service public, n'est pas toujours composée des esprits les plus brillants. Poursuivre la dynastie familiale de la robe - ou investir dans un office pour monter socialement - sont des réactions sociales bien connues.

En matière pénale, le XVIe siècle est certes celui de l'humanisme, mais aussi celui des peines corporelles, de la torture et de l'absence de défenseur lors de l'instruction[26]. Parmi les grands textes, citons l'ordonnance de Villers-Cotterêts qui, outre l'obligation de la langue française dans l'administration et la justice et la naissance de l'état-civil, impose aussi la rédaction d'un mémoire écrit par l'avocat de la défense. Ces mémoires vont vite devenir un genre juridique assez étonnant, parce que médiatisé et mis à la disposition du public, pour mieux valoriser la défense d'une des parties.

Au XVIIe siècle, la mise en place de l'absolutisme conduit, notamment, à l'unification croissante du droit privé français. Celui-ci, sous la houlette du roi de fer qu'est Louis XIV, pose les bases d'un ensemble unique dans des morceaux épars du droit : procédure civile, droit pénal, droit des affaires. Dans la première, le roi créé une commission chargée de rassembler les idées, au sein de laquelle il nomme l'avocat parisien Auzannet, qui travaille avec d'autres juristes sous la férule du président Lamoignon (1665)[2]. Deux ans plus tard paraît ainsi l'ordonnance civile. Pour souligner la qualité des juristes qu'il nomme dans cette commission, le Grand roi évoque le choix de « *personnes de doctrine, d'expérience et de probité et les a jointes à des magistrats afin que, par leur concours, les peuples puissent recevoir le soulagement qu'ils exigent* ». Dans le même esprit, l'État légifère et régule la perception des frais que les avocats peuvent taxer à leurs clients : l'ordonnance de 1667 sur la procédure civile liste toute une série de frais de procédure en plafonnant leur montant. Désormais, l'avocat doit scrupuleusement indiquer par écrit les honoraires perçus. Pour autant, cette obligation légale n'est pas si rigoureuse que cela : rares sont ceux qui contestent leurs honoraires, car toute réclamation émanant d'un avocat pour ses honoraires est mal vue. Au parlement de Paris, il est interdit, selon le barreau, d'intenter une action judiciaire en ce sens ; tout avocat qui enfreindrait cette règle encourt la radiation du barreau. Aussi l'avocat recourt-il aux avances pour éviter toute difficulté quant à ses honoraires. D'où cette tradition, qui permet d'éviter d'avoir à parler d'argent avec sa clientèle :

> « Tout le monde sait d'ailleurs qu'on ne peut aborder la plupart des avocats au parlement de Paris que l'argent à la main ; ils s'interdisent de demander judiciairement leurs honoraires après les services rendus ; mais ils se font payer d'avance[27] ».

En 1738, le chancelier d'Aguesseau entreprend une réforme de la profession qui touche aux charges d'avocats aux conseils, dans le cadre de la réforme de la procédure de cassation auprès du Conseil du roi : il existait 170 offices, ce qui était excessif au regard du nombre des affaires plaidées. En outre, le chancelier, homme rationnel, y voyait une source de contentieux apporté par ces avocats souvent sans cause. Pour survivre, nombre d'entre eux incitaient les plaideurs à saisir le Conseil pour des litiges futiles.

---

[2] Auteur de renommées *Œuvres de Barthélémy Auzannet sur la coutume de Paris*, constamment rééditées (la version de référence est celle in-folio, 1708).

D'Aguesseau abaisse le nombre d'offices à 70 – chiffre considéré comme suffisant –, ce qui suscite une grève de ces avocats au conseil, mais qui n'a pas d'effets sur la réforme qui perdure donc jusqu'à la Révolution française[28].

Mais le siècle des Lumières, avec l'élévation de la curiosité des foules, la crise de l'office et l'attrait de la nouveauté, entraîne une refondation des barreaux : l'avocat exerce désormais une évidente attraction sur la jeunesse et la plaidoirie tend à devenir un moteur d'ascension sociale porteur d'espoirs. Néanmoins, cette société de l'avocat est frappée d'un contraste : d'un côté, un monde s'élève et se trouve médiatisé à outrance par des avocats de renom, intervenant dans des affaires qui passionnent l'opinion publique ; de l'autre, des avocats vivent en marge et leur clientèle ne suffit pas toujours à les faire vivre correctement[29]. D'où des tensions qui apparaissent au sein des barreaux, et qui rejaillissent sur la réforme des assemblées provinciales.

1. Un monde traditionnel frappé par la modernité

Dès cette époque, l'avocat s'empare des médias dont il dispose et critique le système judiciaire. Ce phénomène bien connu témoigne de la prise de conscience, par les avocats, du poids de leur parole : en recourant à la presse et au livre pour divulguer leurs idées, les avocats disposent d'une capacité d'influence décuplée. En outre, le droit du livre de l'époque les autorise, en dérogation expresse à la censure[30], à imprimer des mémoires judiciaires sous le nom de factums, pourvu qu'ils soient courts, signés par un avocat inscrit au tableau et nommément désigné (pour, le cas échéant, supporter sa responsabilité devant les tribunaux) et modérés dans leurs propos[31]. En effet, si l'avocat excède la modération, il peut être sanctionné, sanction qui peut aller jusqu'à son exclusion du barreau. Comme l'indique une déclaration du roi (18 mars 1774), « *cette liberté ne doit pas dégénérer en licence et l'on ne doit jamais confondre les injures avec la véhémence* [32] ». Certains, tel Darigrand, se font embastiller pour leurs écrits, quand ils contestent ou sapent le crédit d'institutions[33].

La plume de l'avocat est mise au service de la notoriété ; plusieurs grands noms émergent en dehors du cercle étroit des jurisconsultes et leurs publications s'arrachent lorsqu'elles sortent des presses – parfois clandestines. C'est d'abord Voltaire qui s'intéresse à la justice et à la société : après une première partie de sa vie occupée à distraire les foules, cet illustre auteur se plonge désormais dans les arcanes du droit et, avec le concours de quelques avocats (tel Elie de Beaumont ou le président Dupaty), médiatise des affaires judiciaires en critiquant l'incurie des juges, des erreurs judiciaires et les failles du droit de son époque[34]. Pour autant, Voltaire se sert de Beaumont, dont il nuance le style de ses plaidoiries en les résumant à un « *pathos de collège* », ou en s'amusant qu'il « *fait brailler tout le corps des avocats*[35] ».

Tel est ensuite Linguet qui, après bien des procédures et des querelles avec son propre ordre, est radié du barreau et condamné à devenir journaliste. Il s'illustre dans la société en publiant des critiques acerbes et en remettant en cause une société guidée par le monopole de l'édition et la censure du livre. Visé par les autorités du livre, Linguet recourt à la contrefaçon pour véhiculer ses idées par les « *presses grises* », qui se chargent d'approvisionner un public avide de ses œuvres. À cette époque, Linguet est l'un des dix auteurs dont les œuvres sont les plus reproduites – avec sa bonne grâce[36]. En 1775, frappé de ses nombreuses outrances verbales et écrites – il avait créé la défense dite de rupture, qui sera reprise par des avocats très médiatiques plus de deux siècles plus tard –, le barreau de Paris l'exclut de l'ordre et le prive ainsi en partie de parole publique : c'est le suprême châtiment de ce ténor qui, désormais, se réfugie dans l'écriture et que la Révolution française rattrapera en le menant à la guillotine. À l'inverse, le barreau de Paris attire les talents de province, qui considèrent leurs barreaux d'origine comme trop limités : les Normands Elie de Beaumont et Ferey quittent celui de Caen pour lui préférer celui de Paris.

Mais le barreau est aussi l'espérance d'un monde meilleur : il incarne, dans la société de son époque, l'ascenseur social.

2. Un ascenseur social

Si l'avocat a perdu de sa notoriété depuis la vente de milliers d'offices, survenue depuis le XVe siècle jusqu'à 1789, il reste la condition *sine qua non* pour entrer dans la magistrature : ses statuts exigent, en effet, que tout futur magistrat possède une licence en droit[37] et ait été avocat - au moins durant le temps du stage (1679). Ainsi donc, la fonction d'avocat est un sas obligé pour soit, rester avocat, soit entrer dans la magistrature, même s'il existe des dispenses, distribuées généreusement sous les règnes de Louis XV et de Louis XVI.

Or, le temps du stage est difficile : les stagiaires sont en effet rarement payés, comme l'évoque Berryer[38] ; ils dépendent d'un avocat en poste et ils doivent travailler avec assiduité et se former. Ils doivent donc acquérir, à leurs frais (et souvent à prix élevé), les ouvrages qu'ils n'ont pas encore lus et approfondir des notions souvent bâclées durant le temps de leurs études académiques[39]. D'ailleurs, ce temps diffère en fonction des barreaux : il est généralement de 2 ans, de 4 ans à Paris (depuis une réforme survenue en 1751) mais peut s'étendre jusqu'à 5 ans (Dauphiné). Enfin, l'endogamie fait que les fils d'avocats – et eux seuls – bénéficient d'un allègement du temps du stage[40]. Pour survivre, nombre de candidats au barreau rédigent des travaux de cabinet appelés écritures, des consultations pour les avocats chez lesquels ils effectuent leur stage. Mieux encore, ces stagiaires ont la faculté de donner des consultations gratuites aux pauvres, au sein de la bibliothèque de l'ordre.

Aussi cet épisode nourrit-il le marché parallèle du livre juridique : au milieu du XVIIIe siècle, on évalue à 40% la part de marché du livre contrefait[3]. Certains avocats fournissent de bons conseils pour

---

[3] On reste étonné du prix élevé des ouvrages de droit assez communs : certains atteignent 20 à 30 livres pièce, soit le salaire mensuel d'un ouvrier

leurs collègues en exercice : les uns évoquent l'éthique de la profession ; les autres, les études et lectures censées amener l'impétrant à posséder une bonne culture juridique[41]. Parmi les règles qui gouvernent – en théorie du moins – la profession, on trouve celle de la vérité, de ne pas s'encombrer d'un excès d'affaires, de respecter la profession, le juge et le justiciable, de conserver le secret de la plaidoirie, d'agir avec célérité pour son client… toutes règles qui sont égrenées dans les *Règles pour former un avocat*[42]. En bref, l'avocat est présenté, comme le formule joliment Cicéron, tel « *un homme de bien qui sait parler* » : peu avant la Révolution, un jeune avocat prometteur – mais qui devait disparaître peu après, Godard, avocat au parlement de Paris et originaire de Dijon – exalte les talents de l'avocat, qu'il explicite au nombre de trois : « *travail, patience, longueur de temps*[43] ». Quant au principe même de l'avocat, il « *n'est pas selon moi de plus bel état que le nôtre* », citant ses références professionnelles que sont alors les ténors du barreau Gerbier, Target, Elie de Beaumont[44]. Un auteur écrira que le bon avocat est celui qui influence les juges par sa réputation : « *la personne de celui qui parle, l'estime et la confiance que l'on a pour lui persuadent autant que ses paroles, car la véritable éloquence est moins dans l'esprit que dans le cœur*[45] ». De génération en génération, le barreau se transmet l'idée de posséder une éminente culture et de participer à la gloire des lettres et du droit. Bretonnier, dans ses *Œuvres de Claude Henrys*, fait remonter cette tradition et ce statut à l'Empire romain : « *Je remarquerai, que toutes les plus illustres familles de Robe, tirent la gloire de leur origine de l'ordre des Avocats : ainsi l'on peut dire qu'en France, aussi bien que dans l'Empire romain, cet ordre est le séminaire des dignités, de la science et de la vertu*[46] ».

Cette influence des avocats est telle que le Premier ministre français, le cardinal de Fleury, fait d'eux les meneurs des cabales parlementaires qui opposent alors le Gouvernement aux cours supérieurs, parlement de Paris en tête. Il les trouve aussi trop

---

qualifié de l'époque. Ceci alimente, on s'en doute, un marché occulte florissant.

indépendants, sinon irresponsables. En octobre 1730, à l'occasion d'un conflit religieux où les avocats émettent de vives critiques et s'appuient sur le gallicanisme, Fleury évoque ces

> « avocats [qui] sont un… Corps entierement gasté, et comme ils sont d'ordinaires plus instruits que le commun des magistrats, ils ont pris l'ascendant sur eux, et sont devenus les maitres absolus du Parlement. La licence dans leurs discours et dans leurs écrits, qu'on a par malheur tolérée depuis longtemps, a augmenté leur audace, et comme c'est une compagnie libre en ce qu'elle ne travaille qu'autant et pour qui elle veut, elle se regarde comme entièrement indépendante[47] ».

Certains factums sont imprimés comme des œuvres juridiques et, si elles intéressent un public avide de sensationnel lors de procès médiatiques, ils peuvent atteindre un tirage élevé et contribuer à la notoriété de leur auteur : en 1730, lors de la querelle qui divise les avocats et le Gouvernement sur le jansénisme parlementaire, un factum émanant d'une vingtaine d'avocats est imprimé à 3 000 exemplaires[48]. Mais le heurt est si violent – les avocats ont tenu des propos exagérés sur les droits publics et arguent de leur indépendance - que le Gouvernement songe, à un moment, à dissoudre l'ordre et à ne recruter que des avocats sûrs et modérés. Mieux encore, au firmament de ces heurts, dix avocats – considérés comme les meneurs du mouvement d'opposition - sont frappés par des lettres de cachet, qui les exilent dans des endroits éloignés de Paris. Un futur ministre, d'Argenson, approuve le Gouvernement ; selon lui, il fallait détruire la menace que représente « *cette espèce de petite république absolument indépendante au milieu de l'État*[49] ». En définitive, un compromis est trouvé (août 1731) mais l'ordre s'en trouve ébranlé, d'où l'absence de compromis sur le tableau imprimé où les avocats inscrits doivent apparaître (1731-1736).

Pour ce faire, les avocats entrent en profession comme on entre en religion, sans se douter des charges futures qui les attendent. Ils doivent, en effet, débourser une somme lors de leur installation et participer aux activités du barreau et à ses charges. À Metz, c'est 45 livres que tout gradué doit verser à l'ordre, ainsi qu'un droit de chapelle (15 livres)[50], porté à 30 livres à Paris[51]. Frais émoulu de la faculté, l'avocat peut se féliciter de disposer d'une bibliothèque : celle-ci est tenue par l'ordre qui assure également deux autres institutions très utiles à ses membres : d'abord, une chambre des consultations qui permet de se frotter aux cas pratiques ; ensuite, des conférences (au nombre de quatre par an) qui sont, en réalité, des cours de formation continue, où chaque avocat écoute des leçons consacrées à des thématiques juridiques : elles « *sont réglées sur les matières du droit, d'ordonnances et de coutumes et autres exercices relatifs à leur profession* ». Les anciens avocats appréciaient d'intervenir pour la formation de leurs jeunes confrères ; Henrion de Pansay, futur premier président de la Cour de cassation sous la Restauration, écrivait dans son *Eloge de Dumoulin* que

> « C'était une chose digne des plus beaux jours du barreau de voir des anciens avocats abandonner les importantes affaires dont ils étaient chargés pour se livrer à l'instruction de la jeunesse[52] » (1776).

Toutefois, deux écueils émergent au XVIIIe siècle : l'un est une condition sociale exigée par certains barreaux et qui a fait couler beaucoup d'encre : celui de Rennes, en 1753, écarte des candidats au barreau « *dont les pères auront exercé un art mécanique ou quelque autre état bas ou présumé comme tel* ». En réalité, le barreau français était largement alimenté par la bourgeoisie cultivée[53]. Le second écueil consistait dans l'absence de contrôle rigoureux sur les inscrits au tableau : les impétrants étaient parfois sans stage et le nombre élevé d'inscrits l'était pour des raisons de commodité sociale : pour le célèbre avocat Berryer, « *la moitié peut-être des inscrits au tableau ne s'y était fait admettre que pour l'honneur attaché à cette noble profession*[54] ».

Reste un dernier élément, celui qui touche à la vie du barreau dans la crise majeure qu'il traverse.

3. La crise du barreau

Elle découle de plusieurs faits : le premier consiste dans l'inflation des effectifs du barreau français au XVIIIe siècle.

Certains d'entre eux dépassent les 500 avocats, tels ceux de Paris et de Grenoble (qui comprend 530 inscrits en 1788[55]). Mais les petits barreaux sont, eux aussi, confrontés à ces effectifs importants : celui de Metz, dont le ressort est limité et la population faible[56], dispose de 81 avocats inscrits à l'ordre en 1781[57]. En proportion, les barreaux de Lyon et de Marseille comptent 67 avocats chacun[58], celui de Nancy, 260, Toulouse, 222. La clientèle suit-elle à due proportion cette trajectoire des effectifs ? La question mérite d'être posée ; elle l'a été à Paris, où la réforme intervenue en 1751 conduit à une chute forte des effectifs, de l'ordre d'une centaine (de 656 membres, le barreau passe à 529)[59]. En définitive, on évalue entre cinq et six mille les effectifs globaux du barreau français avant la Révolution[60].

En second lieu, la clientèle est la principale difficulté de ces juristes : ils doivent s'attacher à répondre aux demandes des particuliers et vaincre la partie adverse par des conseils avisés prodigués à leurs clients. Or, on sait que depuis la fin de l'époque de Louis XIV, les facultés de droit sont entrées en déclin, ce qui a pour conséquence de délivrer des diplômes de moins en moins consistants[61]. Brissot a laissé un commentaire particulièrement critique de ses études de droit faites à Reims, qui témoigne de la scandaleuse facilité que pouvaient avoir certains particuliers de décrocher leurs diplômes de droit :

> « Il fallait prendre des degrés dans la faculté de droit et comme ce n'était qu'une vaine formalité, je préférai la voie la plus prompte, celle de les acheter à Reims. Le voyage que je fis dans cette ville me convainquit de l'avilissement de son Université et du mépris que méritaient tous ces établissements qui étaient moins une école qu'un marché de titres. On y vendait tout, et les degrés, et les thèses et les arguments. Je rougis pour les docteurs qui m'interrogeaient : ils me parurent jouer et me faire jouer une mascarade dont le comique était encore relevé par le sujet de leurs interrogations… Après avoir payé 5 à 600 livres pour cette pantalonnade[62] ».

Aussi les étudiants sont-ils, souvent, moins à portée de se faire une place dans le barreau : nombre d'entre eux se placent comme juges seigneuriaux ou occupent de petits offices insignifiants. Ils doivent se battre dans un monde très concurrentiel et pas toujours très solidaire envers les nouveaux venus. Faute de fortune, ils ne peuvent acquérir un office valorisant et se contentent de la profession d'avocat, qu'ils voient comme un pis-aller. Encore devaient-ils acquérir les ouvrages qui pouvaient parfaire leurs connaissances, particulièrement en droit français où la 3e année de licence était consacrée – en théorie du moins, c'est moins vrai en réalité – à cette seule matière. Tous ces éléments altéraient, on s'en doute, la possibilité de créer un cabinet autour d'une belle clientèle et créaient des désillusions.

Voltaire y fait référence dans son *Dictionnaire philosophique* :

> « Un avocat est un homme qui, n'ayant pas assez de fortune pour acheter un de ces brillants offices sur lesquels l'univers a les yeux, étudie pendant trois ans les lois de Théodose et de Justinien pour connaître la coutume de Paris et qui enfin, étant immatriculé, a le droit de plaider pour de l'argent s'il a la voix forte[63] ».

Notre échantillon d'avocats conseils répond à ce schéma : une bonne dizaine de ces personnages occupe de petits emplois, faute de cabinet consistant. D'autres, en revanche (tel que Target, ou Ranfer), disposent d'une clientèle de qualité : pour le futur ténor du barreau qu'est Berryer, l'art de l'avocat consistait à se spécialiser dans plusieurs domaines : pour sa part, il l'était dans trois spécialités : les affaires féodales, celles qui touchaient au contentieux bénéficial et le droit commercial[64]. Pour d'autres, le cumul accroît encore leur notoriété : Target siège au sein du conseil de Monsieur, le comte de Provence, frère cadet de Louis XVI et futur Louis XVIII ; conseil où Gerbier est l'un des deux intendants des finances, fonction qu'il avait acquise à très haut prix[65] et qu'il cumule avec d'autres[66] ; Élie de Beaumont est l'un des trois intendants des finances du comte d'Artois - futur Charles X. Enfin, le fisc (la Ferme générale) dispose aussi de places qu'il offre à huit avocats, chacune étant fort bien rémunérée 3 000 livres annuelles[67]. Pour les avocats moins réputés, on cherchera des fonctions de magistrat dans des petites juridictions parisiennes qui, avantage intéressant, peuvent loger leurs titulaires, tel Sallé[68]. Et ceux qui s'intéressent au monde des lettres peuvent postuler à la fonction de censeur ; nombre d'avocats servent dans ce monde où ils sont près d'une centaine à contribuer à la censure. Mais la fonction est rarement rémunérée[69]. L'un des avocats les plus connus est Coqueley de Chaussepierre ; poste qu'il cumule avec celui de garde et dépositaire des minutes de la Maison du roi (1757)[70].

Être recruté au sein des assemblées provinciales offre à ces avocats trois atouts : une visibilité nouvelle, un moyen bienvenu de compléter leurs revenus et l'accroissement de leur notoriété.

Dès lors, l'avocat peut, lorsqu'il dispose des capacités inhérentes à la fonction, proposer ses services aux administrations tout en restant indépendant : le droit de l'époque admet – certes au cas par cas – la possibilité pour un avocat d'être à son compte tout en cumulant des fonctions : en Bourgogne, près des deux tiers des maires de petites villes sont avocats[71] ; d'autres sont juges seigneuriaux, administrateurs de biens pour leurs clients, arbitres, professeurs de droit (ainsi à Angers ou à Besançon).... Mais si l'ordre admet ce principe du cumul, il reste néanmoins très attaché à la liberté et à l'indépendance, valeurs qui sont les deux nervures du statut d'avocat : le jurisconsulte doit en effet rester libre de ses actes et ne pas être dépendant d'une autorité. Des principes, rappelés un temps par d'Aguesseau quand il était encore avocat général au parlement de Paris[72], qui auront comme effet de diviser profondément les esprits lors de la réforme territoriale de 1787.

Cette situation de l'avocat doit être mise en relief avec la tutelle administrative, où l'avocat intervient et offre ses lumières aux communautés d'habitants sous l'égide d'un représentant local de l'État, l'intendant (chapitre 2).

Notes du chapitre 1.

[16] Elle reconnaît l'existence de 17 avocats et précise les deux obligations auxquelles ils sont astreints : prêter serment et percevoir des honoraires

qui sont plafonnés.

[17] Ainsi les avocats inscrits au tableau du parlement de Metz font régulièrement imprimer à leurs frais un placard imprimé de grande taille. Il recense les membres de l'ordre avec leur date de réception comme avocat : AD Moselle, B 513.

[18] Sur celui-ci, cf. H. Leuwers, L'invention du « *barreau français* », p. 196-215.

[19] Ce privilège de juridiction est délivré par le roi ; il consiste pour un justiciable à pouvoir plaider sa cause devant un juge spécifiquement désigné et non pas celui qui aurait dû être compétent si l'on avait suivi le droit commun.

[20] Le stagiaire porte un manteau bleu ; l'avocat plaidant porte une robe violette ; celle de l'avocat consultant est de couleur écarlate.

[21] B. GERIN, « Plaider sous l'Ancien Régime. Les avocats consistoriaux au parlement de Grenoble au XVIIIe siècle », dans R. Favier (dir.), *Le Parlement de Dauphiné des origines à la Révolution*, Grenoble, PUG, 2001, p. 133-151.

[22] En 1750, sur 277 prestations de serment comme avocat au parlement de Paris, on a relevé que seulement 21 des impétrants s'inscrivaient au barreau, soit à peine un sur treize : Denisart, *Collections de décisions nouvelles et de notions relatives à la jurisprudence présente*. Paris, 8e édition, t. II, p. 708. Dans son étude sur les avocats au parlement de Paris entre 1661 et 1715, M. Acerra précise que sur 2 255 jeunes licenciés prêtant serment entre 1706 et 1715, seuls 167 apparaissent sur les tableaux, soit 5% : Les avocats du Parlement de Paris 1661-1715, *Histoire, économie et société*, 1982, n° 2, p. 215.

[23] Denisart, *Collection de décisions…*, *op. cit.*, t. II, p. 709.

[24] Les avocats Mars et Vauversin dirigent des journaux de droit : l'un la *Gazette des tribunaux* ; l'autre le *Journal de la législation*. Guyot s'entoure d'avocats et lance le célèbre *Répertoire universel et raisonné de jurisprudence* (deux éditions successives), puis le *Traité des offices* : cf. notre article « Comment s'organisait l'édition juridique dans l'ancien droit ? Un exemple sous le règne de Louis XVI », *La Revue administrative*, n° 395, septembre-octobre 2013, p. 17-22.

[25] R. Mousnier, *La vénalité des offices sous Henri IV et Louis XIII*. Paris, PUF, 1991.

[26] Cependant, on sait que certains avocats obtiennent divulgation de

pièces, moyennant quelques arguments bien sonnants auprès du greffe. L'avocat Desgranges évoque ces affaires où la défense ne parvenait pas à obtenir des pièces de l'instruction « *qui ont été constamment refusées ou mises à si haut prix qu'on ne pouvait y atteindre* » : A. Desgranges, *Essai sur le droit et le besoin d'être défendu quand on est accusé et sur le rétablissement d'un conseil ou défenseur après la confrontation*. Paris, 1785, p. 78.

[27] *Projets de création…*, p. 8 : Poirot, *Le milieu socio-professionnel des avocats au Parlement de Paris à la veille de la Révolution 1760-1790*, thèse de l'Ecole des Chartes, 1977, p. 52 note 52.

[28] I. Storez, *Le* chancelier *Henri-François d'Aguesseau (1668-1751), monarchiste et libéral*. Paris, Publisud, 1996, p. 342-343.

[29] Cf. sur les pages éloquentes d'H. Taine, *Les origines de la France contemporaine*, particulièrement le tome I.

[30] Dans le *Règlement de la librairie*, apparu en 1723, dans ses articles 110 et 111.

[31] Sur les factums, cf. S. Maza, Le tribunal de la nation : les mémoires judiciaires et l'opinion publique à la fin de l'Ancien Régime, *Annales Economie, Sociétés, Civilisations*, janvier-février 1987, n° 1, p. 73-90 ; L. Lavoir, Factums et mémoires d'avocats aux XVIIème et XVIIIème siècles, *Histoire, économie et société*, 1988, vol. 7, p. 221-242.

[32] Denisart, *Collection de décisions…*, *op. cit.*, t. II, p. 733.

[33] Dans son *Antifinancier*, publié en 1764, Darigrand, ancien avocat au service de la Ferme générale, jetait le discrédit sur cette institution fiscale.

[34] Cf. l'ouvrage marquant de S. Maza, *Vies privées, affaires publiques : les causes célèbres de la France prérévolutionnaire*. Paris, Fayard, 1997.

[35] Delbeke, *L'action politique des avocats…*, ch. 6.

[36] Cf. notre prochaine étude consacrée au « livre, au droit et au faux : essai sur la contrefaçon de l'édition juridique au siècle des Lumières ».

[37] L'obligation de diplôme de droit apparaît en 1254 avec le baccalauréat en droit ; en 1667, l'ordonnance civile oblige les juges à prouver l'obtention de la licence en droit, statut confirmé par la déclaration de 1679 sur les études de droit.

[38] *Souvenirs*, p. 31 note 35

[39] En particulier, le droit français, matière obligatoire, n'est enseigné qu'en troisième année et son enseignement est souvent bâclé. Et nombre d'avocats ont obtenu leur licence en droit dans des facultés où les

diplômes se vendent…

[40] Ainsi à Angers, où les fils d'avocats voient le temps du stage réduit de 2 ans à 6 mois : Cette pratique est ramenée à six mois pour les « *fils de maître* » par une conclusion de la compagnie du 6 avril 1729 (Arch. Ordre des avocats d'Angers, registre cérémonial, f° 2-3) ; cité par H. LEWERS, « Les avocats-procureurs d'Angers », *Annales de Bretagne et des Pays de l'Ouest*, 118-1, 2011, 71.

[41] A.-G. Camus, *Lettres sur la profession d'avocat et sur les études nécessaires pour se rendre capable de l'exercer*. Paris, 1772 (réédité plusieurs fois). L'auteur dirigera les Archives nationales sous la Révolution et décède en poste (1804).

[42] P. Barnoy de Merville, *Règles pour former un avocat*. Paris, Mesnier, 1711.

[43] Godart à son confrère Cortot : AD Côte-d'Or, E 642.

[44] A. Huguenin, « La cour plénière et les édits de 1788. Les avocats de Dijon à Versailles », *Mémoires de l'Académie des sciences, arts et belles-lettres de Dijon*, t. X, 1905-1906, p. 49-50.

[45] Merville, *Règles pour former un avocat*…, *op. cit.* p. 387.

[46] J.-B. Bretonnier, *Œuvres de M. Claude Henrys*. Paris, 1738, Brunet, t. I, p. 274.

[47] Bibliothèque de la Société de Port-Royal, Collection Le Paige, 17, p. 794.

[48] E.-J. Barbier, *Journal historique et anecdotique de Louis XV*. Paris, 1847, I, p. 330 ; cité par D. Bell, Des stratégies d'opposition sous Louis XV, *Histoire, économie et société*, 1990, p. 573.

[49] Archives des Affaires Étrangères, Mémoires et Documents France, Ms. 1271, fol. 279 ; cité par Bell, Des stratégies d'opposition…, *op. cit.* p. 581 note 133. Joly de Fleury, le procureur-général, a protégé l'ordre en promettant de remettre sa démission si le gouvernement le dissolvait.

[50] E. Moppert, *L'avocat dans la cité de Metz. 1392 à 1789*. Sarreguemines, Pierron, 1986, p. 100.

[51] Sur ces 30 livres, 10 sont destinées à l'hôpital-général, 5 à la bibliothèque des avocats : Poirot, *Le milieu*..., *op. cit.* p. 20.

[52] : J. Gaudry, *Histoire du barreau de Paris, depuis son origine jusqu'à 1830*. Paris, Durand, 1864, p. t. II, ch. 12.

[53] A. Poirot, *Le milieu*…, *op. cit.* p. 120-121.

[54] P.-N. Berryer, *Souvenirs de M. Berryer, doyen des avocats de Paris, de 1774 à 1838*. Paris, Dupont, 1839, t. 1, p. 19.

[55] *Almanach Dauphin*, 1789.

[56] 350.000 habitants répartis sur 8.200 kilomètres carrés.

[57] Moppert, *L'avocat…*, *op. cit.*, p. 95.

[58] J.-L. Halpérin, *L'impossible code civil…* Paris, PUF, 1992, p.70. Autres effectifs qui sont utiles pour appréhender la problématique de la clientèle des avocats : 150 à Bordeaux, 33 à Limoges, 40 à Clermont, 50 à Poitiers, 200 à Rouen, 20 à Orléans : Leuwers, *L'invention…*, *op. cit.* p. 44-45.

[59] Poirot, *Le milieu socioprofessionnel…*, *op. cit.* p. 32.

[60] J.-L. Halpérin, *Les professions judiciaires et juridiques dans l'histoire contemporaine. Modes d'organisation dans divers pays européens.* Paris, Centre lyonnais d'histoire du droit, 1992, p. 117.

[61] Parmi les facultés de droit, plusieurs souffrent d'une mauvaise réputation : Valence, Cahors, Reims, …

[62] Brisot, *Mémoires avec introduction, notices et notes par M. de Lescure.* Paris, Firmin-Didot, 1877, p. 170-171.

[63] Voltaire, *Œuvres complètes*, t. XVII, p. 507-508.

[64] *Souvenirs de M. Berryer, Doyen des avocats de Paris de 1774 à 1838.* Paris, Dupont, 1839, t. 1, p. 79.

[65] Près de 80 000 livres, somme énorme, que Gerbier avait versée à Ménard de Seillac : Poirot, *Le milieu socioprofessionnel…*, *op. cit.* p. 96. Les charges des conseils des princes étaient souvent vénales, d'où, parfois, des soupçons d'irrégularités.

[66] Celles de conseiller au conseil des princes de Soubise et de Conti, des ducs de Richelieu et de Bouillon, du prince de Guémené, de l'archevêché de Paris…

[67] BNF, ms. 11.141, fol. 28.

[68] Auteur de *L'esprit des ordonnances de Louis XV*, avocat, il était logé dans le bailliage du prieuré de Saint-Martin-des-Champs de Paris, dont il était le bailli : Poirot, *Le milieu…*, p. 99. Après sa mort, son gendre Forestier lui succède (1778).

[69] B. de NEGRONI, Lectures interdites : le travail des censeurs au XVIIIe siècle (1723-1774), Albin Michel, 1995 ; R. Birn, La Censure royale des livres dans la France des Lumières. Paris, Odile Jacob, 2007.

[70] Dans cette fonction, Coqueley avait accès à une foule d'informations : les finances de l'État, le Domaine, la régie des biens des religionnaires fugitifs (les protestants), le terrier de Bretagne, les recherches de noblesse : Poirot, *Le milieu…*, p. 104.

[71] C. Lamarre, Subdélégués, maires et officiers de bailliage dans les villes de Bourgogne (1769-1789), Pouvoirs publics (Etat, administration) et ville en France, Italie et Espagne de la fin du 17e siècle à la fin du 18e siècle : actes de la journée d'études du 15 octobre 1999 à Montpellier, Université Paul Valéry (Montpellier-III), 2000, p. 111-126.

[72] Le futur chancelier aura ces paroles fameuses : « *Exempte de toute sorte de servitudes, elle* [la profession d'avocat] *arrive à la plus grande élévation, sans perdre aucun des droits de sa première liberté ; et dédaignant tous les ornements inutiles à la vertu, elle peut rendre l'homme noble sans naissance, riche sans biens, élevé sans dignités, heureux sans le secours de la fortune* » : H.-F. d'Aguesseau, *Discours et autres ouvrages de M. le Chancelier d'Aguesseau*. Amsterdam, 1756, p. 111, discours sur « l'indépendance de l'avocat », prononcé en 1698.

Chapitre 2

Les avocats et la tutelle administrative

Les abus relevés par le gouvernement français dans l'administration des communautés d'habitants (1), l'avait contraint de mettre en place une tutelle par la modification substantielle de la régulation administrative (2). Cette situation ne permet cependant pas d'éviter le retour aux errements du passé (3).

1. Les abus de l'administration des communautés d'habitants

Depuis l'époque de la rénovation des villes au milieu du Moyen Âge (XIe-XIIe siècle), la monarchie avait opéré dans leur direction un rapprochement spectaculaire qui s'était rapidement transformé en association politique : les rois avaient bien compris qu'il était vain d'entraver l'aspiration des cités à se diriger elles-mêmes. Mais, en échange d'une liberté retrouvée et en s'éloignant des filets de la féodalité, les villes proposaient de soutenir financièrement la monarchie, de lui offrir des hommes lors des conflits, enfin de relayer fidèlement les normes juridiques émanant d'en haut. Ainsi considérées, les villes et communautés d'habitants assistaient l'État.

Mais la régulation des villes devient un grand problème politique au XVIIe siècle : là, la période qui suit la mort d'Henri IV (1610) entraîne le royaume dans des troubles politiques et sociaux où les villes sont happées dans un tourbillon de désordres internes ; la réunion des états-généraux ne permettant pas de stabiliser la situation (1614). Durant plusieurs décennies, elles sont laissées à elles-mêmes, et l'État, préoccupé par l'installation d'un nouveau système de domination (la monarchie absolue), s'en délaisse.

Les villes et villages connaissent alors des désordres financiers préoccupants : des escrocs – parfois des oligarchies aisées – s'emparent des finances locales, en détournent une partie à leur profit et la gabegie conduit bientôt à la ruine. Dépenses excessives, aliénations frauduleuses de biens communaux, emprunts ruineux et contractés sans autorisation grèvent les budgets locaux, de sorte que la plupart des administrations locales sont exsangues. C'est le moment où, heureusement pour elles, un souffle nouveau parcourt alors l'administration : Colbert parvient aux affaires (1661). Il concourt à modifier l'environnement juridique des communautés, et met de l'ordre en clarifiant les règles juridiques qui les touchent.

2. L'antidote : la régulation du gouvernement local

Pour ce faire, le contrôleur-général des finances Colbert (1619-1683) prend à cœur la situation déplorable des communautés, qui constitue un danger potentiel pour la collecte des impositions royales. En effet, des communautés insolvables représentent un boulet pour l'État : en cas de péril, elles risquent de se rebeller et d'être confrontées à des problèmes de gestion de crise et ne peuvent verser dans les caisses publiques les impositions qu'elles collectent. Or, le propre de l'État consiste à conserver la bonne police du territoire et de ses habitants, donc à maintenir l'ordre public. Aussi la réforme de la régulation des communautés s'associait-elle à celle du droit : simplicité, clarté, sécurité juridique allaient dans le sens d'une réforme radicale de la justice. Colbert mettait le doigt sur les racines du mal ; il écrivait ainsi à Louis XIV :

> « la justice a cela de particulier, qu'outre qu'elle consomme soixante-dix mille hommes et plus, elle impose un joug pesant et tyrannique, sous l'autorité de votre nom, sur tout le reste de vos peuples : elle en occupe, par la chicane, plus d'un million, et en ronge plus d'un million d'autres et les réduit en une telle misère qu'ils ne peuvent plus penser à aucune autre profession toute leur vie[73] ».

Dans ces conditions, plusieurs mesures sont adoptées d'en haut et, appliquées en bas de l'administration, elles sont censées prémunir les communautés d'errements ultérieurs. Ces mesures, qui reposent sur des textes normatifs (aussi bien édit, déclaration du roi qu'arrêt du Conseil), consistent dans un mécanisme fonctionnant avec quatre volets :

- La consultation préalable de deux avocats avant toute procédure contentieuse,

- l'autorisation écrite de l'intendant pour intenter une procédure judiciaire, ou pour y défendre, sur la base des consultations d'avocats que l'intendant peut prendre en considération ou écarter,

- des comptes financiers annuels arrêtés par l'autorité de tutelle, avec l'obligation d'un équilibre budgétaire,

- la création d'une commission chargée de vérifier les dettes passées, et de retrancher celles dont la source n'est pas prouvée, soit abusive. Elle est présidée par un haut magistrat : en Bourgogne, c'est Claude Bouchu, premier président du parlement de Bourgogne et intendant de la généralité de Dijon[74]. Toutefois, par dérogation, de grandes villes du royaume sont libérées de cette obligation préalable de consultation : pour ne citer que quelques exemples, ce sont Dijon en Bourgogne ou Colmar, à l'instar des villes impériales d'Alsace.

Plusieurs textes ultérieurs complètent ces premières dispositions – notamment l'édit d'août 1764[75] -, car les errements passés ressurgissent.

3. Le retour des errements passés

En réalité, ces mesures de droit censées aplanir les écueils locaux résistent plus ou moins à l'épreuve du temps. Elles sont trop faibles pour épargner aux communautés des arrangements que trouvent des syndics ou des avocats astucieux : ceux-ci inventent toutes sortes de stratagèmes pour contourner la régulation incarnée par le droit. Parmi ces manœuvres auquel le législateur n'avait pas pensé, figurent principalement :

- des manipulations comptables effectuées sur les dépenses ou les recettes, à l'occasion de dépenses inopinées, et qui aboutissent à l'insolvabilité de communautés d'habitants et à des troubles publics[76],

- des échanges souvent léonins de biens communaux avec des particuliers,

- de passer des consultations auprès d'avocats non spécialisés dans le contentieux administratif, et dont le défaut de clientèle permet aux communautés désireuses de plaider, de s'assurer de la rédaction d'un avis positif,

- des transactions passées avec des particuliers pour éteindre une procédure judiciaire.

Ces motifs conduisent à de nouvelles interventions de la puissance publique. Pour régulation et, lorsque la monarchie modifie – même légèrement – la tutelle, elle craint de se heurter à la justice qui revendique le retour de la tutelle des communautés entre ses mains. Aussi faut-il attendre près de vingt ans pour qu'un projet législatif soit entériné. Élaboré par Joly de Fleury, un temps intendant en Bourgogne, il est enfin adopté sous la forme d'un édit en 1770, et enregistré sans difficulté par le parlement de Bourgogne. Mais les efforts pour l'étendre au reste du royaume rencontrent un singulier échec ; le gouvernement craignant en effet une réaction judiciaire contre une telle réforme dans une époque où les heurts entre gouvernement et parlements sont monnaie courante. En définitive, c'est lors de la rédaction du code civil que cette mesure est reprise dans son article 2045 alinéa 3[77].

Autre élément d'importance : ces avocats sont d'éminents conseillers de l'administration.

4. Des avocats, conseils de l'Administration

La réforme de la régulation des communautés conduit à l'émergence d'une tutelle administrative. Toutefois, cette tutelle est conditionnée par deux mesures fortes, l'une est celle de la consultation préalable de deux avocats et l'autre repose sur la personne du commissaire départi qui doit accorder ou bien rejeter l'autorisation d'ester en justice.

Néanmoins, dans les années qui suivent, plusieurs difficultés apparaissent :

- l'absence plus ou moins prolongée des intendants de leurs lieux de résidence, à partir du règne de Louis XV[78],

- des heurts avec les cours, sur le fondement des compétences des uns et des autres,

- le surcroît de travail confié aux intendances, dont le personnel administratif ne possède pas toujours les lumières juridiques requises pour les mesures administratives liées aux communautés, ou encore le suivi des litiges judiciaires dont ces dernières peuvent faire l'objet.

Pour ce faire, des intendants inventent une nouvelle structure, légère et parfois officieuse : celle des conseils d'avocats rattachés aux intendants. De tels conseils connaissent une diffusion limitée d'abord aux pays d'états, puis s'étendent aux pays d'élections et d'imposition, enfin leur existence est généralisée à l'ensemble du territoire.

5. L'apparition des conseils d'avocats

Contrairement à ce que P. Ardascheff avait écrit en 1903-1904 dans un article novateur[79], ces conseils ne sont pas nés vers « *1780* », mais bien avant. Toutefois, c'est vers 1780 qu'ils tendent à se multiplier, tantôt en pays d'états, tantôt en pays d'élection ou d'imposition. Toutes les intendances n'échappent pas à ce phénomène de rationalité administrative.

Si l'on revient aux sources, c'est vers la Bourgogne qu'il faut se tourner : c'est dans cette généralité très recherchée par les candidats aux intendances (c'est le premier duché-pairie du royaume) qu'apparaît le premier conseil d'avocats. En vérité, le nom est différent car on parle d'une institution au nom interminable, la « *commission pour la vérification des dettes des communautés de Bourgogne* », qui est co-présidée par l'intendant de La Briffe (décédé en 1740) et le gouverneur de Bourgogne, le prince de Condé (premier prince du sang). Celle-ci apparaît vers 1734 et résulte d'un arrêt du Conseil du roi[80] ; une commission similaire à celle-ci est créée au même moment, à Montpellier, sous le contrôle de l'intendant du Languedoc : elle regroupe une foule de personnages éminents tels que le commandant en chef de la province, un évêque, un baron, deux députés du tiers, l'intendant, des syndics généraux des états[81] (dont Rome[82], en 1787), deux officiers du bureau des finances, enfin un greffier.

Dans les deux cas, la commission reçoit comme compétence de protéger les communautés en les empêchant de tomber dans des errements financiers : les commissaires disposent de pouvoirs étendus, mais ils doivent agir avec doigté, de façon à ménager les susceptibilités des magistrats des cours supérieures qui possédaient des prérogatives de police sur ces mêmes communautés – notamment celles de l'élection des magistraux municipaux en Languedoc.

Les syndics généraux de Languedoc étaient des personnages très importants, avocats de formation, ils étaient, au nombre de trois, censés assister les plaideurs en justice et éclairaient les communautés d'habitants. Aussi l'intendant de Languedoc les consultaient-ils toujours dans toute procédure qui les concernaient : alors, le syndic général rédigeait une consultation écrite dont le commissaire départi tenait compte[83]. En 1786, lui sera associée un conseil d'avocats (cf. *infra*). Cette décision royale de créer un comité d'avocats en Languedoc est adoptée sur la proposition du contrôleur-général des finances Orry. Energique, cet ancien intendant de province a redressé les comptes publics et assaini les finances en créant de nouveaux impôts qui touchent les privilégiés. Il souhaite aussi mieux protéger les communautés d'habitants et compléter ainsi l'édit de 1683. Mais là où Colbert avait joué sur la norme étatique en l'imposant aux institutions, Orry est plus subtil : il créée une institution avec le soutien des états provinciaux, de façon à garantir une osmose entre ces derniers et les intendants. Si deux états seulement ont accepté une telle commission (sur la dizaine que compte alors le royaume), c'est parce que les autres états étaient politiquement plus éloignés d'admettre une telle collaboration. En Bretagne, les états conservaient jalousement leur autonomie et s'efforçaient même de l'étendre (impositions…).

Son objet consiste à surveiller les communautés d'habitants et à les empêcher de contracter des dettes, donc, en réalité, à réguler la tutelle sous la houlette du commissaire départi. Celui-ci, se sachant bien seul face au nombre imposant de ces communautés, choisit de se faire assister par un aréopage de juristes et de personnel administratif : s'il préside en personne la commission, les dossiers sont en pratique examinés par cet aréopage qui émet un avis, qu'il est libre de suivre ou d'écarter. Parmi les membres du conseil en Bourgogne qui préfigure le conseil créé en 1784, on trouve l'avocat Lacoste et surtout Davot (1677-1743), célèbre jurisconsulte qui avait rédigé un *Traité sur diverses matières du droit français*, œuvre réputée qui connut plusieurs rééditions. Davot cumule plusieurs fonctions – pratique certes courante, mais encadrée[84] : une charge au parlement de Bourgogne (celle de substitut) avec la qualité d'avocat, d'enseignant à la faculté de droit de Dijon et de membre du « *conseil de l'intendance* ». C'est d'ailleurs dans cette dernière fonction qu'il décède, en 1743, en présence de l'intendant Barberie de Saint-Contest[85]. Éminent juriste, il était qualifié pour ses connaissances pratiques et pour sa vaste science du droit ; deux qualités qui font tout l'intérêt de ce système.

Dans son fonctionnement, la commission percevait une taxe auprès des plaideurs, ce qui servait à rémunérer son personnel (mais sans qu'on en connaisse les détails) sans faire appel aux contribuables. Elle disparaît vers 1755, faute d'avoir été renouvelée (c'était là la volonté de l'intendant Joly de Fleury, soucieux d'apaiser les relations avec le parlement de Bourgogne), mais elle ressuscite en 1784 sous une forme un peu différente. En décembre 1785, un arrêt du Conseil entérine la création de l'intendant Amelot (en poste entre 1784 et 1790), en recourant à un budget spécifique alimenté à parité, moitié par les états de Bourgogne, moitié par le contrôle-général des finances[86]. La même situation se retrouve en Languedoc, où les états de la province acceptent d'accroître leur participation financière – elle passe ainsi de 6 à 10 000 livres - au bénéfice du fonctionnement de l'intendance de Languedoc

(1786)[87]. Très certainement, cet accroissement contribue à rémunérer les avocats nommés pour composer le conseil de l'intendant Ballainvilliers.

Le caractère antibureaucratique des décisions de 1787-1788 est donc évident (il est vrai que Necker avait médiatisé ses critiques envers la bureaucratie française, avec des physiocrates)[88] ; c'est pourquoi certains cercles de hauts fonctionnaires ont été si virulents à leur égard : d'Aine, Terray sont quelques-uns des intendants qui expriment leurs doutes quant à la légitimité de cette réforme et les espoirs détrompés qu'elle suscite.

Une telle idée est confirmée par presque tous les intendants concernés : tantôt, l'un évoque « *les contestations qui intéressent les communautés*[89] » (Lyonnais), tantôt des difficultés techniques relatives aux communaux indivis, aux droits d'usage et aux possessions possédées par des propriétaires étrangers dans le royaume (Alsace), tantôt encore parce que les communautés font preuve de faiblesse dans la défense de leurs droits (Dijon, Tours), tantôt encore parce que les communautés sont prises d'une sorte de folie de plaider à tort et à travers (Caen[90], Montpellier[91], Orléans). Autre élément saillant, ces comités doivent être en mesure de traiter le flux des requêtes adressées aux administrateurs, afin qu'il y soit répondu de la manière la plus sérieuse et la plus prompte possible. En Bourgogne, Amelot évaluait à 600 par an le nombre de demandes en autorisation de plaider qui lui étaient adressées par les communautés ; en Lyonnais, l'intendant recevait chaque année pas moins de deux mille contestations fiscales ; en Dauphiné, 200 revendications de particuliers encombrent chaque année les bureaux du commissaire départi. Aussi donc l'avocat associé à l'administration doit-il permettre d'offrir une réponse satisfaisante et juridiquement motivée à cette hausse des revendications particulières. Presque partout, l'administration peinait à répondre de façon argumentée et rationnelle à chacune des nombreuses réclamations que lui présentaient les particuliers ou les communautés d'habitants.

Le danger était bien réel : en 1784, les frais de procès supportés par les communautés de la généralité de Dijon étaient équivalents au montant de la taille royale[92]. Le danger était donc celui d'une probable insolvabilité des communautés d'habitants et, avec elle, des troubles certainement violents au sein des villes et bourgs.

Sur ce point, l'état d'esprit du rapporteur du comité préfigure l'attitude des conseils de préfecture, qui apprécieront le sérieux des griefs avancés par les parties pour accorder ou non l'autorisation de plaider[93]. En Provence, les avocats du pays exigent au contraire que les communautés justifient d'un intérêt « *évident et sensible* » pour plaider[94]. Quant au conseil de l'intendant de Caen, les avocats acceptent d'accorder aux communautés l'autorisation de plaider « *qu'autant qu'elles ont des droits légitimes*[95] ». En Bourgogne, le conseil de l'intendance a statué après avoir écouté près d'un millier de rapports entre 1784 et 1790[96].

Ces créations locales que sont les comités d'avocats sont connues des pouvoirs publics : elles touchent les trois systèmes juridiques des territoires que sont les pays d'états, d'élections, d'impositions.

6. Une extension aux pays d'élection et d'imposition

C'est d'abord dans le sud-ouest et dans le nord-ouest du territoire que ces comités d'avocats font leur apparition. Une incertitude demeure sur le régime imposé à l'Île-de-France : d'après certaines sources, il y aurait eu un comité d'avocats qui aurait été suscité par Bertier de Sauvigny fils, lorsqu'il succède à son père à la tête de l'intendance (1776)[97]. G. Bord écrit ainsi « *Bertier, pour donner à ses administrés le plus de garanties d'impartialité possible dans ses décisions, avait institué à l'Intendance une sorte de bureau du Contentieux qui, sous le nom de* « Conseil des Communautés », *examinait les affaires litigieuses et donnait son avis avant qu'elles reçussent une solution*[98] ».

Le tableau ci-après présente les premières créations, les intendants et les régimes juridiques du territoire concerné, soit 9 comités : 5 sont établis en pays d'élections, 2 en pays d'états, 2 en pays d'imposition.

Tableau 1 Les créations empiriques de comités contentieux (1774-1787)

Année	Élections	Etats	Imposition
1774	Bordeaux		
1776	Caen, Amiens		
1780	Orléans		
1784			Alsace, Grenoble
1785		Bourgogne	
1786		Languedoc	
1787	Tours		

L'intitulé du projet que porte l'intendant Esmangart est semblable à celui du comité à Caen : « *Projet d'établissement d'un conseil d'avocats pour réprimer l'esprit de chicane qui ruine les paroisses de la généralité de Caen* ». Son objet consiste à examiner avec soin les demandes des communautés en autorisation de plaider, souvent abusives. Ce commissaire départi pointe le doigt sur le fond du problème :

> « j'ai reconnu la malheureuse habitude que la majeure partie des communautés qui la composent ont contracté d'intenter ou de soutenir des procès pour les causes les plus frivoles et les objets les plus minutieux [...] je reçois des délibérations de leur part qui me sont présentées pour autoriser les habitants qui les forment à plaider. La plupart de ces délibérations sont mal conçues et plus mal rédigées ».

Les demandes mal formulées ou celles qui émanent de chicaneurs sont visées en priorité, car

> « On y reconnait plus facilement l'esprit de chicane qui préside aux Assemblées tenues par les délibérants que l'intérêt qu'ils peuvent avoir de suivre l'action pour laquelle ils me demandent mon avis ». Quant au but recherché, Esmangart est tout aussi clair : « Pour remédier [...] à ces maux et épargner les frais qui résultent d'une action intentée trop légèrement [...] proposer la création d'un petit conseil composé de trois avocats qui ont la meilleure réputation [...] je les chargerais de l'examen des délibérations des communautés et de toutes les pièces qui y ont rapport. Celles-ci seraient alors dispensées de se procurer des consultations à prix d'argent. Sur chaque objet, j'aurais l'avis des jurisconsultes [...] et soit que je me détermine à

homologuer les délibérations des différentes paroisses, soit que je leur refuse mon attache [...] elles seraient éclairées gratuitement sur leur véritable intérêt[99] ».

En 1780, c'est au tour de l'intendant d'Orléans, Cypierre, de créer un conseil d'avocats, dont on a retrouvé le texte fondateur (présenté en annexe 1, *infra*, pour ne pas alourdir le texte). Cette création est alors médiatisée quelques mois plus tard dans les *Mémoires secrets* de L. de Bachaumont[100] :

« 29 juillet 1780. Extrait d'une lettre de M. Cypierre, Intendant d'Orléans, aux Officiers municipaux & syndics des paroisses de cette Généralité.

Les intérêts des Communautés, souvent peu à portée d'être instruites de leurs droits ou mal défendues, ont excité l'attention du Conseil, & je m'empresse de vous prévenir de l'établissement à Orléans d'une commission d'Avocats, dont la mission sera d'examiner & de discuter gratuitement les droits des Communautés de mon département & de les guider dans des procès qu'elles auront à intenter ou à soutenir etc… »

Vient ensuite la création de l'intendant Caze de La Bove en Dauphiné, dont on a connaissance par cette lettre circulaire que ce commissaire départi adresse aux autorités municipales. Ici encore, le modèle-type s'inscrit dans une similitude de ces conseils (pièce qu'on présente en annexe 2, *infra*).

Quelques années plus tard, lors de la session des états du Dauphiné alors tenue à Romans (Drôme)[101], l'intendant Caze de La Bove évoque cette institution sous l'appellation curieuse de « *conseil d'arbitrage* » (décembre 1788)[102]. Il se félicite des résultats obtenus et préconise le maintien de cette institution :

« En examinant la situation des Communautés, j'ai été effrayé de la quantité des procès qu'elles ont à soutenir ; la plupart sont ruinées par les frais qu'elles occasionnent ; ils entretiennent des divisions qui font toujours le malheur des habitants ».

Quelques intendants ont établi, avec succès, des Conseils pour examiner leurs procès. J'ai obtenu un pareil établissement pour cette

Province ; le nom des personnes qui le composent ferait seul son éloge ; le bien qu'il a produit ne peut être douteux ; l'esprit de conciliation commence à remplacer celui de la chicane, & sur plus de deux cents affaires qui ont déjà été examinées, un grand nombre a été heureusement terminé à l'amiable ; il est bien à désirer que ce Conseil acquiert toute la consistance dont son utilité le rend susceptible[103] ».

Cependant, les archives consultées ne permettent pas d'établir avec certitude quels sont les avocats de ce « *conseil d'arbitrage* ». Des pièces essentielles sont en effet déclarées manquantes au sein des Archives nationales.

En 1786, à la suite d'un changement d'intendant survenu en Languedoc, l'intendant Ballainvilliers [104] introduit un comité d'avocats à Montpellier. Il faut relever que cette intendance est particulière : elle regroupe en effet deux généralités – Toulouse et Montpellier - sous la férule d'un seul commissaire départi[105]. Ballainvilliers choisit quatre avocats fameux après que le contrôle-général des finances ait accepté une telle institution. Mais l'année suivante, on sait par les Archives nationales que le parlement de Toulouse met des bâtons dans les roues de l'intendant[106]. Au gouvernement, les services du contrôle-général des finances sont informés de la situation : le 1er commis Acher commente cette création et l'approuve[107]. En résumé, l'intendant s'est servi de la commission pour la vérification des dettes des communautés - dont une institution similaire se trouvait autrefois à Dijon, comme on l'a vu plus haut - qu'il transforme en comité d'avocats. Or, ce commissaire départi s'est vite aperçu que la masse des autorisations de plaider est telle qu'elle affaiblit les communautés, contraintes de supporter les effets pécuniaires de leurs procès perdus. Ici encore, la folie de plaider conduit les communautés à leur perte : hausse des impositions, réduction du train de vie...

Mais l'intendant tient compte du régime des pays d'états : cette institution est en effet d'une grande importance politique ; elle contribue au dialogue entre les états provinciaux et le gouvernement, comme leurs homologues de Bretagne et de Bourgogne (les états de Bourgogne contribuent, pour moitié, au financement du comité d'avocats établi à Dijon). Dans ce comité de Montpellier, il y siège quatre avocats, un secrétaire et un adjoint, le tout sous la présidence de l'intendant, ainsi que les syndics des états de Languedoc s'ils le désirent (soit un effectif compris entre 7 et 10 membres). Son objet consiste à examiner « *les requêtes qui auront été présentées à M. l'intendant par les communautés de la province en permission d'intenter des actions ou de défendre à celles qui auront été introduites contre elles*[108] ».

Dans d'autres généralités, ce sont bien les annonces de la constitution de futures assemblées représentatives qui poussent certains intendants à agir préventivement : ils cherchent à conserver leurs prérogatives dans le contentieux, sans attendre que leurs compétences soient altérées par la réforme annoncée. D'Aine, alors commissaire départi en Touraine, crée ainsi un conseil d'avocats juste avant que les états de la «*province*» ne soient partiellement rétablis. N'ayant jamais été dévoilée, nous reproduisons en annexe la lettre circulaire que le commissaire départi adresse aux différentes communautés de sa généralité, pour évoquer sa création institutionnelle (22 juillet 1787) [109] . Des dépouillements réalisés dans les archives d'Indre-et-Loire ont été vains. Aucune trace du comité (qui a pourtant existé), n'a pu y être relevée[110]. Néanmoins, quelques traces subsistent dans celles du Maine-et-Loire, nous reproduisons plus loin une pièce de procédure de l'intendance (1788).

Cette construction d'Aine en Touraine n'est pas précise sur un point : celui des avocats qui appartiennent à ce conseil. Si certains actes écrits de l'administration comportent la signature des trois avocats, elles sont peu explicites, sauf en ce qui concernent Delaunay, Roussereau et Barbot (mais celui-ci est inconnu au barreau d'Angers : appartenait-il au barreau de Tours ? [111]). Delaunay exerce au bailliage-présidial d'Angers, tandis que François Roussereau l'est au bailliage-présidial de Tours ; il est aussi le bailli d'une petite terre seigneuriale, celle de Véretz (d. Indre-et-Loire, près de Tours).

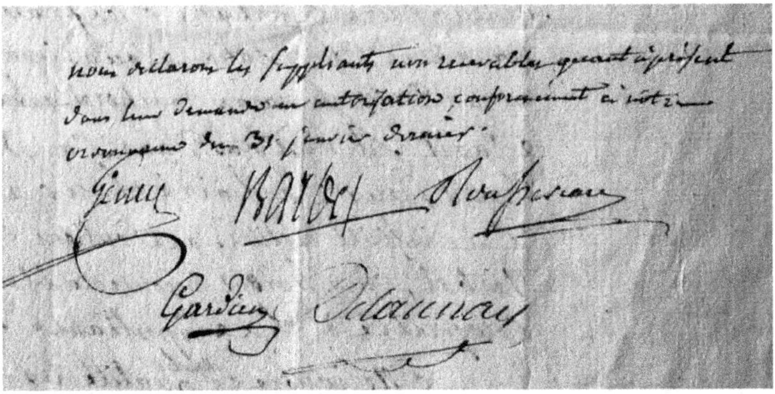
nous déclarons les suppliants non recevables quant à présent dans leur demande en autorisation conformément à notre ordonnance du 31 janvier dernier.

AD Maine-et-Loire, C 12 : un chef de bureau, le subdélégué-général, un commis et deux avocats signent la pièce de procédure (1788)

Cette construction empirique des intendants, au cas par cas, était connue du contrôle-général des finances. En 1777, Necker (alors directeur-général des finances) créé le comité contentieux des finances qui paraît comme une forme de superstructure inspirée par ces conseils d'avocats, mais dont le personnel est différent, puisqu'il est composé de conseillers d'État et de maîtres des requêtes [112] . La généralisation des comités contentieux, fait marquant en 1787, se place donc dans le sens de l'histoire et de la pratique administrative, connue et appréciée.

7. Leur généralisation en septembre 1787

La réforme des assemblées provinciales appartient à ces tentatives de l'État d'imposer un modèle administratif et politique uniforme, tout en maintenant certaines spécificités locales[113]. C'est aller vers la rationalisation de l'espace administratif et améliorer ainsi ses méthodes de travail.

L'édit de juin 1787, qui est l'acte de naissance de cette réforme administrative, est modifié à plusieurs reprises, pour tenir compte des réclamations émises par les assemblées et pour affermir le modèle décidé dans les bureaux du contrôle-général... En ces temps d'instabilité politique où les ministres se succèdent les uns aux autres, ce sont donc les chefs de bureaux qui proposent des décisions alors avalisées par les directeurs de ministère de l'époque, les intendants des finances : d'Ormesson – ancien contrôleur-général en 1783 et bon connaisseur des affaires administratives – est celui qui paraît avoir cautionné les évolutions d'août-octobre 1787 (nombre de papiers de la réforme conservés aux Archives nationales sont en effet annotés de sa main[114]).

Après deux mois de flottement et d'observations adressées par les assemblées au contrôle-général, des *Instructions* imprimées sont adressés par le gouvernement aux assemblées (octobre-novembre 1787) ; elles modifient la forme de la tutelle traditionnelle exercée sur les communautés d'habitants[115]. Désormais, les intendants sont, dans les assemblées visées, déchargées de l'instruction des affaires et celles-ci sont à la charge des assemblées provinciales après examen par une cellule d'avocats placée sous leur férule. Celle-ci rédige un avis motivé qu'elle transmet à l'assemblée ; cette dernière émet une proposition qu'elle adresse ensuite au commissaire départi[116]. Le moins que l'on puisse dire, c'est que ce nouveau système est compliqué, mais c'est surtout un symbole politique : les hommes du roi, autrefois tout puissants, sont délestés d'une partie de leurs prérogatives. En tout cas, le système répond à l'idée de collégialité qui se répand partout et que la Révolution va bientôt entériner.

8. Quelles compétences pour ces avocats conseils ?

À l'encontre de ces comités d'avocats, il leur est parfois reproché de ne s'occuper que des affaires liées à la seule tutelle des communautés exercée par l'intendant ; or, une telle position doit être à présent nuancée dans la mesure où ces comités, en recevant des compétences d'instruction et d'enquête élargies, ont été conduits à sortir progressivement du rôle limité que leur fixait l'intendant ; en d'autres termes, ils ont élargi leur sphère de compétence en s'intéressant à des domaines qu'ils n'avaient, apparemment, pas à connaître. Dans ce cadre, ces comités sortent des seuls actes de tutelle pour s'arroger deux autres champs de compétences : les affaires fiscales d'abord, la mise en cause de la responsabilité de l'administration ensuite, sans limiter ces prérogatives qui sont très larges [117] ; des éléments qui permettent l'accroissement sensible des droits des justiciables (droit à un délai raisonnable, au contradictoire...) [118]. Les comités d'avocats proposent aussi à l'intendant de régler des litiges par le biais d'arbitrages : on en rencontre tant en Bourgogne qu'en Picardie[119]. Dans plusieurs de ces assemblées, les avocats conseils interviennent avec régularité[120].

C'est d'abord dans le domaine de la fiscalité que ces comités vont se glisser, offrant un précieux concours à des commissaires départis en position de faiblesse. Dès les années 1750 émerge un sentiment antifiscal dont les cours supérieures se font les porte-voix ; il s'agit tout autant de contester les nouveaux impôts dont l'assiette est souvent très large, puisqu'elle frappe une partie des privilégiés qui échappaient encore à l'impôt - dont l'État demande l'enregistrement des actes normatifs - que de lutter contre les actions du fisc. Dans ces deux domaines, les affrontements sont bien connus (l'intendant Lescalopier et la cour des aides de Montauban, les remontrances de la cour des aides de Paris...)[121]. Dès lors, les intendants de province se savent surveillés et leurs compétences sont fréquemment contestées. Il s'agit, dans leur esprit, de fortifier leur justice en s'entourant d'esprits juridiques compétents qui travailleront à leur profit et qui permettront un travail de fond à la fois sérieux et efficace. C'est vouloir légitimer l'action administrative en s'imprégnant de règles civiles et de talents humains extérieurs à l'Administration.

On trouve un tel exemple de cet affermissement de l'action administrative en terre d'élections : là, les affaires liées aux impositions classiques - telles que la taille ou la capitation - encombrent les bureaux de l'intendant de Caen, parce que les plaideurs contestent leurs cotes d'imposition. C'est pourquoi Esmangart choisit le concours de juristes habiles en matière fiscale – ainsi Descotils docteur agrégé des facultés de droit, « *le plus au fait de la matière des tailles* [122] ». Autre exemple éminent, celui du Lyonnais, une petite généralité qui relève judiciairement de la puissante cour des aides de Paris. Là, l'intendant Terray est submergé par l'afflux des demandes d'assujettis en modération fiscale qui représentent un quart des feuilles d'impôts (soit 5 000 demandes annuelles [123]). Devant cette masse de contestations – justifiées ou non, car Lyon est une ville franche, donc nombre de ses habitants bénéficient d'exemptions particulières -, le commissaire départi met en place un conseil d'avocats (trois) qui répondra à ces demandes sous une forme judiciaire : il s'agit d'examiner chaque demande sous un angle juridique en laissant au demandeur l'impression que sa requête est examinée avec tout le soin qu'elle mérite. Chaque demande fait l'objet d'un rapport – c'est une sorte de proposition d'avis -, puis elle est tranchée par l'intendant dans les délais les plus rapides, ce qui permet à Terray d'être déchargé de ce qui formait autrefois « *le tourment de mon administration*[124] ». À cet égard, l'intendant se déclare satisfait des résultats obtenus auprès du contrôle-général des finances. Dans le sud-ouest, la généralité de Bordeaux comprend un comité d'avocats : il s'intéresse aux affaires de messageries, aux biens des religionnaires fugitifs, aux contrats publics…[125]

Notes du chapitre 2.

[73] P. Clément, *Lettres, instructions et mémoires de Colbert.* Paris 1869, t. VI, p. 4-6 (mémoire au roi, 22 octobre 1664).

[74] C. Arbassier, *L'absolutisme en Bourgogne. L'intendant Bouchu et son action financière d'après sa correspondance inédite (1667-1671).* Dijon, Thèse droit Strasbourg, 1919.

[75] Ce texte dispose que toute demande en autorisation de plaider doit être appuyée par une consultation écrite d'avocats (art. 43) : « *lesdites autorisations ne pourront être accordées que sur une requête accompagnée d'une consultation d'avocats qui sera annexée à l'ordonnance d'autorisation, à peine de nullité de ladite ordonnance* » : Isambert, *Recueil des anciennes lois françaises.* Paris, t. XXII, n° 877, p. 415.

[76] Pour un exemple en Bourgogne, qui nécessite l'intervention du Conseil du roi : Centralisation normative ou libertés provinciales ? L'intendant Amelot, les contraintes solidaires et la jurisprudence du Conseil d'État (1775-1788) », *Actes du colloque de Besançon, Centralisation et décentralisation dans l'Est de la France et les pays voisins, 27-28 septembre 2005, Mémoires de la Société pour l'Histoire du droit et des Institutions des anciens pays bourguignons, comtois et romands (M.S.H.D.B.)*, 2008, t. 65, p. 161-199.

[77] Cf. notre article Le Légiste, la Loi et le mauvais usage : l'autorisation des transactions passées par les communautés d'habitants (1758-1770). Aux origines de l'art. 2045 al. 3 du Code civil. *Normes et normativité, Études d'histoire du droit rassemblées en l'honneur d'Albert Rigaudière*, Paris, Economica, 2009, p. 319-341.

[78] « La mobilité géographique des intendants à la fin de l'Ancien Régime (1770-1790). L'exemple de la généralité de Bourgogne », *Colloque Le voyage, Strasbourg, 22-23 novembre 2007, Les formes du voyage, Approches interdisciplinaires*, Textes réunis par Dominique Dinet, Jean-Noël Grandhomme, Isabelle Laboulais, *Collections de l'Université de Strasbourg*, 2010, p. 135-146.

[79] Les intendants de province à la fin de l'Ancien Régime, *Revue d'histoire moderne et contemporaine*, t. V, 1903-1904, p. 5-38.

[80] La commission doit être prorogée tous les trois ans par le biais d'un arrêt du Conseil. Elle le sera pendant une soixantaine d'années.

[81] Il existait trois syndics généraux, chacun étant censé représenter un ressort territorial déterminé : Carcassonne, Nîmes-Beaucaire, Toulouse. Ils étaient nommés sur décision conjointe des états de Languedoc et de l'État.

[82] Jean-Baptiste II Rome, d'abord secrétaire-greffier des États de Languedoc en 1757, qui succède à son père Jean-Baptiste, lui-même syndic général des états, en 1783. Il décède en 1795.

[83] R.-B. Durand, *Les Syndics Généraux de la province de Languedoc et la justice du Conseil d'État (XVIIe-XVIIIe siècles)*. Montpellier, Thèse de droit, 2005.

[84] Ce cumul s'expliquait par la modicité des traitements et par le nombre d'enfants qu'il devait élever (une dizaine).

[85] J. Lavirotte, Les ordonnances d'un intendant de la généralité de Dijon, Barberie de Saint-Contest (1740-1749). *M.S.H.D.B.*, 1939, p. 250-257.

[86] AN, H 139 5° n. 88 et E 2739.

[87] AD Hérault, C 7640 fol. 543 ; cité par A. Gay, *Les intendants de Languedoc*

face aux autorités royales, provinciales et souveraines à la fin de l'Ancien Régime (1749-1789). Mémoire de maîtrise d'histoire, Université Paul-Valéry, Montpellier, 1999, p. 23.

88 Necker affirmait, dans son Mémoire de 1778, que « *c'est du fond des bureaux que la France est gouvernée* » ; il dénonçait aussi ces commis « *ravis de leur influence,* [qui] *ne manquent jamais de persuader au ministre qu'il ne peut se détacher de commander un seul détail* ». Sur les physiocrates, cf. A. Mergey, *L'Etat des physiocrates : autorité et décentralisation*, Aix-en-Provence, PUAM, 2010.

89 Terray au contrôle général, du 8 juillet 1788 : AN H 1529.

90 Comme l'indique Esmangart « *Avant que de viser les délibérations des communautés pour qu'elles puissent plaider, je voudrais qu'elles soient examinées par deux ou quatre avocats de mérite que je pourrais choisir à Caen. Lorsqu'ils auraient examiné les affaires, j'accorderais ou je refuserais l'autorisation sur leur avis. J'éviterais par-là beaucoup de procès aux communautés dans un pays où l'on n'aime que trop à plaider* » : au premier secrétaire de l'intendance Guyard, décembre 1775, AD Calvados, C 232 (dépouillement réalisé en 2013).

91 « *comité de quatre avocats à Montpellier pour prendre connaissance des contestations qui intéressent les communautés avant de leur accorder la permission de plaider* ».

92 Notes du contrôle général (juin 1784), relatives aux abus des procès des communautés, notamment AD Côte-d'Or, C 360.

93 Au XIXe siècle, le conseil de préfecture de l'Isère prend sa décision après s'être éclairé sur le bien-fondé de la future action : M.-F. Brun-Jansen, *Le Conseil de préfecture de l'Isère. An VIII-1926.* Grenoble, 1981, p. 211.

94 Mestre, *op. cit.* p. 24.

95 Musset, *op. cit.* p. 55 note 4.

96 Cf. nos articles « L'intendant de Bourgogne Amelot, ses jurisconsultes et son comité contentieux : mieux éclairer l'Administration au profit des administrés (1784-1790) », *Actes du Colloque de Dijon, 4 novembre 2005, Moderniser l'Administration en Bourgogne dans les trois derniers siècles de l'Ancien Régime*, Dijon, *Annales de Bourgogne*, 2008, t. 79, p. 125-157 ; « Les compétences de l'intendant en matière contentieuse : heurts et malheurs d'un modèle contesté au crépuscule de l'Ancien Régime », « *Intendant et intendance en Europe et dans les Etats de Savoie XVIIe-XIXe siècles* », *Actes du colloque international de Nice* (25-27 octobre 2012), Serre, 2016, p. 77-92.

97 Bertier de Sauvigny (1737-1789) est d'abord associé à son père en 1768.

Il est massacré à Paris, le 22 juillet 1789, avec son beau-père Foullon.

98 G. Bord, dans *La conspiration révolutionnaire de 1789*. Paris, 1909, p.237, évoque cette création. Toutefois, les sources sont difficiles d'accès, puisque nombre d'entre elles ont disparu après la Révolution.

99 AD du Calvados, C 234, n° 4 p. 8-10. Cf. aussi les pièces intéressantes de la cote C 232.

100 *Mémoires secrets pour servir à l'histoire de la république des lettres...* Londres, 1781, t. XV, p.265.

101 J. Egret, *Les derniers États de Dauphiné, Romans (septembre 1788-janvier 1789)*. Allier, 1942 ; V. Chomel, *Les Débuts de la Révolution française en Dauphiné : 1788-1791*. Presses universitaires de Grenoble, 1988.

102 *Procès-verbal des états du Dauphiné tenus à Romans en décembre 1788*. Grenoble, Cuchet, 1788, p. 24-25.

103 *Procès-verbal des états du Dauphiné....*

104 Charles-Bernard de Ballainvilliers (1757-1835) fut intendant de Montpellier de 1786 à 1789, date à laquelle il démissionna en raison de l'effondrement de son autorité, motif expressément cité dans une lettre à Acher. Il est élu maire de Montpellier en 1790, mais refuse ce poste, puis émigre en Angleterre en 1791 : Nicolas, Les derniers maîtres des requêtes..., *op. cit* p. 96 note 14

105 Cette situation originale résulte des circonstances politiques de la Fronde (1648-1652) : la division entre deux intendants avait conduit à la faiblesse de l'autorité étatique à ce moment.

106 « *cet établissement a rempli les vues du gouvernement qu'il s'était proposés par la diminution des procès dans la province du Languedoc, mais il craint que le parlement de Toulouse, provoqué par ceux des avocats qui ne sont pas du comité, ne cherche à contrarier cet établissement* » *:* Ballainvilliers au contrôle général, 26 octobre 1787 : AN E 3703[2].

107 Acher présente ce comité comme une nouveauté utile aux populations, car « *Cet établissement dont on a des exemples dans d'autres généralités promet trop d'avantages de toutes manières pour ne pas être adopté, et la dépense qu'il occasionnera sera largement compensée par le bien qui en résultera pour les communautés à qui on évitera ainsi bien de Procès ruineux, et d'ailleurs au moyen de ce traitement les consultations seront désormais gratuites* » : feuille de travail d'Acher, 4 septembre 1786, AN H 1429 1° n 98.

108 AD Hérault, C 963 fol. 150 : « *Règlement pour le régime du comité établi par M. de Ballainvilliers Intendant de la Province de Languedoc le 1er X^bre^ 1786* ». Cf.

aussi Audrey Gay, *Les intendants de Languedoc face aux autorités royales, provinciales et souveraines à la fin de l'Ancien Régime (1749-1789)*. Mémoire de maîtrise d'histoire, Université Paul-Valéry, Montpellier, 1999.

109 Arch. Municipales de Loudun, FF3, pièce 36.

110 C'est dans les archives du Maine-et-Loire que des traces archivistiques attestent de cette existence, et nous révèlent les noms des avocats conseils.

111 La réponse est la suivante : Nicolas-René Barbot (1734-1810) était en réalité procureur ; il rejoint l'assemblée provinciale d'Anjou en 1787 et devient son secrétaire-greffier, puis secrétaire général sous la Révolution lorsqu'est créé le département du Maine-et-Loire. Nous remercions les Archives départementales du Maine-et-Loire pour ces informations.

112 A. Logette, *Le comité contentieux des finances près le Conseil du roi (1777-1791)*. Nancy, Société d'impressions typographiques, 1964.

113 Ainsi chez M.-L. Legay, *Les états provinciaux dans la construction de l'État moderne aux XVIIe et XVIIIe siècles*. Genève, Droz, 2001.

114 Dans les cartons H 1529 et 1534.

115 La généralisation des conseils d'avocats dans les intendances et son application en Lorraine en 1787, Colloque « *La Lorraine, la Bourgogne et la Franche-Comté, du Moyen Âge à nos jours* », *Metz, 13-14 novembre 2009*, 2010, p. 311-327.

116 « Quand une communauté voulait intenter un procès, elle envoyait tout d'abord les pièces et les mémoires relatifs à son affaire à la Commission Intermédiaire qui faisait examiner le dossier par le Conseil d'avocats. Le dossier auquel était jointe la consultation écrite de ces avocats était ensuite renvoyée par la Commission Intermédiaire aux Communautés qui pouvaient alors « présenter leur requête à M. l'Intendant, pour obtenir de lui, s'il le jugeait convenable, la permission de plaider » : *Instruction du Roi à l'Assemblée Provinciale d'Orléans* (2e Partie, Art. I).

117 Telles que demandes d'emprunt, règlement de police sur la vaine pâture, droit d'usage, litige lié aux dîmes, partage de succession…

118 Cf. notre ouvrage *L'intendant de Bourgogne*…

119 En Picardie, cf. Sédillot, De l'intendance de Picardie…, vol. I, p. 135-140.

120 En Picardie, cf. AD Somme C 2046 ; en Lorraine, cf. AD Meurthe-et-

Moselle, C 527.

121 Cf. M. Culleron, *Contribution à l'étude de la rébellion des cours souverains sous le règne de Louis XV : Le cas de la Cour des Aides et finances de Montauban.* Paris, PUF, 1983.

122 Le subdélégué de Caen Le Paulmier à Esmangart, 23 décembre 1775 : AD Calvados, C 232.

123 « *J'ai lieu d'être assez content de l'effet d'un comité que j'ai établi, où l'on rapporte et l'on juge toutes les demandes en modération. Il y a près de 20000 cotes dans les rôles de Lyon, et il y a peut-être cinq ou six mille requêtes tous les ans* ».

124 « *La ville de Lyon est la seule ville franche de cette généralité ; la répartition de la capitation s'y est faite depuis de longues années à l'intendance. Cette opération et ses suites font le tourment de mon administration* » : Terray à Joly de Fleury, administrateur des finances, 8 novembre 1781 : BN, Coll. Joly de Fleury, Ms. 1444 f° 96.

125 AD 33, C 152 (dépouillement réalisé en juin 2016).

Chapitre 3

Le rôle nouveau des avocats d'après la réforme

Corps bien structuré mais en proie à de fortes tensions internes, le barreau français traverse en 1787-1788 l'un des moments essentiels de son histoire : la réforme va le frapper accidentellement de plein fouet par l'une des mesures qu'elle contient. Il n'était en effet pas prévu, en premier lieu, de réformer radicalement le système mais seulement de l'aménager. Avant toute chose, la réforme se présente comme une forme de déconcentration administrative.

1. Un essai de déconcentration administrative

Il concerne un ancien projet de redessiner les rapports entre l'État central et les autorités administratives locales, qui ont souvent perdu leurs États au XVIIe siècle lors de la mise en place de l'État absolutiste (Auvergne, Normandie…). Parmi les concepteurs, on sait le rôle joué par des administrateurs (d'Argenson, Le Trosne), des physiocrates (Dupont de Nemours[126]) ou par des polémistes (Mirabeau). Fallait-il réunir les états généraux pour réformer le pays ? Pour sa part, Malesherbes y était favorable dès 1775 ; il suggérait au roi de réunir cette assemblée dans l'une des remontrances de la Cour des aides qu'il présidait : « *Sire, personne ne doit avoir la lâcheté de soutenir un autre langage, personne ne doit vous laisser ignorer que le vœu unanime de la nation est d'obtenir ou des états généraux, ou au moins des États provinciaux*[127] ». En 1778, un premier essai institutionnel bien connu est alors tenté : il introduit des assemblées dans deux généralités (celles du Berry et de Haute-Guyenne) qui sont amendées par une réforme partielle survenue en 1782[128]. Cinq ans plus tard, Loménie de Brienne fait adopter l'édit de juin 1787 qui met en place la réforme (proposée par son prédécesseur Calonne)[129], après que l'assemblée des notables ait avalisé, prudemment, le projet (février-mai 1787)[130].

Dès ce moment, la réforme de 1787 est sur les rails : mais elle va être amendée par trois textes successifs, et comme fil rouge, apparaît l'avocat érigé en conseil des communautés d'habitants.

2. Des avocats érigés en conseils des communautés

Les réformes prudentes élaborées par certains intendants sont, en 1787, généralisées presque par une voie accidentelle. Au départ, le modèle-type d'assemblée n'évoque qu'une simple fonction de conseil, mais c'est dans les lettres interprétatives de septembre 1787 que la formule inclut un comité d'avocats qu'elle dénomme « *conseil* », en proposant un nombre plafond (par la formule « *trois avocats au plus* »), une durée de mandat et un choix sous la forme d'une nomination par l'assemblée. Ainsi les mêmes phrases autour de ces « conseils » sont-elles transcrites dans tous les procès-verbaux des assemblées. Prenons, par exemple, celui de l'assemblée du Soissonnais (jamais citée) dont on souligne les passages essentiels :

> « Conseil d'Avocats ». « L'art. X sera exécuté selon sa forme et teneur ; Sa Majesté exhorte seulement l'Assemblée provinciale à composer dans la ville où est la résidence de M. l'Intendant, un Conseil de trois Avocats au plus, qui seront rétribués par la Province, & choisis par l'Assemblée provinciale. Les Avocats qui composeraient ce Conseil, ne pourraient néanmoins être nommés par l'Assemblée que pour deux ans au plus, sauf à les continuer pour deux autres années, & ainsi de suite, s'il y avait lieu, d'après le compte qui serait rendu par la Commission intermédiaire, de leur exactitude & de l'utilité de leur travail pour les Communautés de la Province[131] ».

Une telle idée est d'ailleurs évoquée dans les dossiers du contrôle-général conservés aux Archives nationales, où d'Ormesson annote le projet[132], avant de le faire passer au contrôleur-général Villedeuil[133].

Au sein du Contrôle-général des finances, certains commis (Coster[134], Blondel, Tarbé, d'Ailly) jouent un rôle dans la réforme : à la suite de va-et-vient entre eux et les assemblées, il est décidé d'offrir un cadre juridique uniforme à l'ensemble des assemblées par l'apparition d'un usage institutionnel : elles doivent, en effet, créer des conseils d'avocats, le terme de « *conseil* » étant alors très répandu au sein des institutions administratives[135]. Mais un autre terme est proposé par le duc La Rochefoucauld (alors président de l'assemblée provinciale d'Auvergne), qui suggère au contrôle-général l'appellation de « *bureau de consultation*[136] ». Il étaye son idée en souhaitant procurer une économie aux communautés qui ne disposent pas des moyens suffisants pour se défendre.

En réalité, c'est l'intendant de Soissons La Bourdonnaye[137] qui semble avoir soufflé cette nouveauté à l'assemblée du Soissonnais, que le contrôle-général reprend alors à son compte en l'étendant aux autres assemblées[138]. Ainsi, l'art. 10 des lettres interprétatives (le règlement du 5 août 1787) est rédigé selon un modèle uniforme et les lettres en ce sens sont adressées à toutes assemblées provinciales. Nulle assemblée ne peut donc s'écarter du texte officiel qui constitue un canevas obligé. Ceci mérite d'être expliqué : cet article attribue aux communautés deux impératifs cumulatifs :

- celui d'être renseignées sur leurs droits en recourant au service d'au moins deux avocats,
- d'être autorisées par l'autorité administrative à défendre leurs droits en justice.

Désormais, le droit administratif – ou du moins celui qui regarde les assemblées provinciales – prévoit un système en deux étapes : dans la première, ce sont les avocats qui siègent dans l'assemblée et forment un conseil dont la mission consiste à instruire les demandes en autorisation de plaider toutes les affaires contentieuses relatives aux communautés ; ils doivent donc recueillir les pièces nécessaires et, le cas échéant, s'enquérir de celles qui leur manquent pour se prononcer à bon escient (nombreux exemples dans ce sens en Bourgogne). Ils se forgent leur opinion en fonction des documents qu'ils ont en leur possession. Dans cette perspective, ces conseils disposent d'un pouvoir élargi d'enquête et de communication des pièces; il s'agit de leur donner les moyens d'être bien informés et de s'assurer qu'aucune pièce ne leur manque[139].

Il convient, aussi, de garantir aux plaideurs une égalité de traitement dans le suivi des dossiers, afin que les uns ne soient pas privilégiés par rapport aux autres. Si l'on creuse cette idée, cela revient à considérer que les avocats consultés par les parties sont parfois peu au fait des intérêts précis et du droit ; d'où cet organe collégial qui peut parer aux inégalités. En tout cas, chacune des parties peut et doit se faire entendre des membres de ce conseil : le contradictoire, s'il n'est pas obligatoire, est dans l'esprit de la procédure. En outre, le fait que des avocats délivrent gratuitement leurs conseils permet d'épargner une partie des frais de procédure, qui grèvent alors lourdement les budgets des communautés. Si cette idée tombe sous le sens, elle est néanmoins rarement présente dans les correspondances des assemblées provinciales. Elle est inscrite noir sur blanc par La Rochefoucauld dans les observations présentées par l'assemblée d'Auvergne qu'il préside[140]. Celui-ci est inquiet des consultations bâclées obtenues par des communautés qui s'embarquent facilement dans des procédures coûteuses, mal financées et hasardeuses. Le fait d'avoir désormais une seule consultation de ce futur « *bureau* » est un gain financier appréciable et un net progrès dans le conseil juridique obtenu : un seul avis émanant de deux fameux juristes au lieu de deux distincts, rédigés par des avocats parfois sans lumières. Cela étant, les communautés perdent deux droits :

- celui de désigner librement leurs conseils (mais elles y gagnent par la qualité des conseils) ;
- celui d'ester en justice si elles le désirent : elles sont tenues de respecter la décision de l'intendant. Mais elles peuvent, le cas échéant, contester devant le Conseil du roi le refus que l'intendant leur opposerait à vouloir plaider[141].

L'assemblée des Trois-Évêchés reprend, elle aussi, cette idée : les communautés doivent être protégées des mauvais conseils qu'elles sont contraintes de solliciter[142].

Les assemblées provinciales sont comme une boite de Pandore : il suffit d'en ouvrir une pour que le contenu échappe à tout contrôle. Dès lors, des assemblées se transforment progressivement en caisse de résonance et émettent bientôt des revendications plus politiques, ainsi que Cambacérès et Tocqueville l'avaient remarqué.

3. Des revendications sociales et politiques qui émergent

En créant des assemblées à trois niveaux, le gouvernement avançait à pas comptés et tenait compte des dangers qu'on pouvait attendre de telles assemblées collectives : la multitude, le désordre, la désunion… Aussi met-il en place, avec une certaine sagesse, des garde-fous destinés à parer aux éventuels dangers :

- obliger les assemblées à envoyer des projets d'imprimés avant qu'elles soient autorisées à faire publier les procès-verbaux de leurs actes,
- conserver des pouvoirs administratifs aux intendants et délimiter soigneusement les compétences conférées aux assemblées.

Si l'on regarde plus attentivement le régime des impressions, on se rend bien compte que le gouvernement récupère d'une main ce qu'il concède de l'autre. En effet, sachant que les assemblées provinciales disposent de prérogatives, notamment fiscales, elles pourraient prendre des décisions qui toucheraient aux rapports juridiques entre elles et le gouvernement. Elles pourraient donc revendiquer des prérogatives politiques et empiéter sur celles du pouvoir : aussi donc une lettre circulaire émanant du garde des sceaux les contraint-elle à envoyer tous les projets d'impressions à la chancellerie, afin qu'elles soient autorisées préalablement à leur impression[143]. C'est donc une censure *a priori* qui apparaît : les sources démontrent qu'elle a bien été suivie d'effets : les services du contrôle-général vérifient que les projets sont conformes à la lettre du droit ; dans le cas contraire, ils envoient aux assemblées les projets annotés en marge. Il s'agit d'entraver toute revendication qui serait excessive, ou encore de s'appuyer sur des délibérations de cours supérieures[144].

Cela étant, on reste étonné devant le nombre de procès-verbaux ou de rapports censés émaner des assemblées provinciales, que le contrôle-général ne reçoit pas à temps et ne peut donc avaliser[145].

En dépit de ces précautions, des revendications fuitent dans l'opinion publique : en Lorraine, les députés envisagent de réformer le système fiscal et douanier : celui-ci est source d'imbroglios, incite à la fraude et offre au fisc des droits trop étendus. En Normandie, l'assemblée de Caen s'interroge sur la répartition des impositions et sur la corvée. Partout, on s'étonne de voir les assemblées se préoccuper des détails, notamment d'élaborer des modèles-type pour les actes relatifs aux ponts et chaussées ou à l'administration générale. Or, l'intendant s'en occupait autrefois de façon plus simple et certainement moins alambiquée.

Reste, maintenant à s'intéresser au nombre de ces avocats et à la durée de leurs fonctions.

4. Nombre et durée du mandat des avocats conseils

Dans les conseils placés au sein des intendances, il existait un nombre variable d'avocats : de trois (Caen) à cinq (Dijon), voire quatre (Montpellier, Strasbourg).

Dans le projet résultant de l'art. 10 des lettres du 5 août 1787, le contrôle-général évoque le chiffre de deux à trois et, en fin de compte, la rédaction définitive du texte use du terme « *trois au plus* », offrant ainsi à chaque assemblée le soin de fixer elle-même le maximum de membres qu'elle désire installer, sans jamais aller au-delà de trois.

Cette souplesse laissée à chaque assemblée s'explique aisément : le nombre d'avocats dépend, en réalité, de considérations pratiques : taille des populations concernées, nombre de communautés existantes et existence antérieure d'un conseil d'avocats. Par voie de conséquence, le chiffre variera entre deux (Roussillon, Soissons), trois (Amiens, Auch, Grenoble, Île-de-France, Lyonnais, Metz, Orléans, Poitiers, Riom), quatre (Nancy, Montpellier, Strasbourg), cinq (Bourgogne).

Toutefois, lorsque l'assemblée fixe un nombre précis d'avocats, elle peut conserver une certaine souplesse en réduisant le chiffre initial, ou bien en se réservant le droit de nommer de nouveaux membres en cas de démission ou d'empêchement (ainsi à Perpignan). Effectivement, de telles hypothèses se vérifient dans les faits : dans les Trois-Évêchés, Roederer pressenti et marqué comme tel dans les actes pour siéger avec deux autres avocats, se rétracte et démissionne, sa délicatesse pouvant être prise en défaut[146]. Dès lors, le conseil des Trois-Évêchés passe en pratique de trois à deux membres[147]. Dans l'assemblée d'Alsace, l'un des cinq avocats (Albert) quitte ses fonctions et n'est pas remplacé ; Gossuin, nommé en 1784, avait rencontré des difficultés du barreau pour siéger dans la chambre, n'étant pas originaire de la province[148].

Le modèle-type de conseil d'avocats de 1787 évoque une durée de deux ans maximum, que chaque assemblée doit donc suivre[149]. Toutefois, cette durée peut être prorogée en considération de leur « *exactitude et de l'utilité de leur travail* » - comme c'est alors le cas à Orléans. Il s'agit de ne pas décourager des juristes qui se consacreraient avec application à leurs fonctions : ne pas leur laisser envisager un second mandat risquerait de saper leur moral. À cet effet, un compte-rendu de leur mission et de leurs résultats est rédigé par la Commission intermédiaire et soumise au vote de l'Assemblée provinciale[150]. En revanche, dans les conseils créés antérieurement à 1787, les avocats étaient nommés par lettres de commissions à la discrétion de l'intendant : on ne connaît alors que deux raisons de fin de leurs fonctions : le décès (Le Paulmier, Ranfer) ou la démission volontaire (Albert, Arnoult, tous deux pour cause d'élections aux états-généraux).

Vient, à présent, un élément particulièrement crucial : le mode de désignation des avocats appelés à conseiller les communautés d'habitants au sein des assemblées provinciales.

5. Le mode de choix des avocats conseils

Les archives des intendances qu'on a consultées n'indiquent pas de façon très nette les modalités du choix des avocats conseils ; on est donc réduit à proposer des conjectures : sont-ils sélectionnés par l'administration des intendants et communiqués ensuite aux assemblées provinciales ? Y aurait-il un pouvoir de proposition ? Comment les 62 avocats conseils sont-ils choisis ?

Les archives livrent les réponses : tantôt c'est le président qui propose des noms et l'assemblée ratifie ce choix par un vote formel, soit c'est par adhésion sans vote. C'est cette seconde voie qui est choisie dans les Trois-Évêchés : « *Sur ce ouïs, MM. les procureurs syndics, l'Assemblée, d'après la désignation faite par Mgr le Président, a nommé pour la formation de ce Conseil MM. Roederer, M. Leduze et M. Cunin*[151] ». Ces « *avocats ont depuis été choisis par l'assemblée provinciale pour remplir les mêmes fonctions* » en 1787, lors de la réforme des assemblées provinciales. Ils « *doivent examiner les contestations qui intéressent les communautés*[152] ».

Un autre critère semble avoir joué un rôle : celui de l'appartenance des avocats à la franc-maçonnerie. Ce critère est décisif en Auvergne, où les trois conseils choisis pour conseiller l'assemblée provinciale sont tous maçons. Cette similitude se rencontre en Normandie, où deux des trois membres (Descotils et Paulmier) sont frères de deux loges distinctes[153]. Mais ailleurs, les archives sont trop lacunaires pour vérifier si cette assertion est étendue[154]. En Languedoc, on sait que l'intendant Ballainvilliers était membre de la loge de l'Urbanité à Montpellier, ainsi que le syndic général des États de Languedoc de Joubert, et le Trésorier de la Bourse Péronnet.

Ci-dessous, est présentée le choix de l'assemblée d'Île-de-France, lorsqu'elle porte ses vues sur le trio Target-de Bonnières-Douet d'Arcq pour remplir les fonctions de conseils (14 décembre 1787, au milieu à droite de l'image).

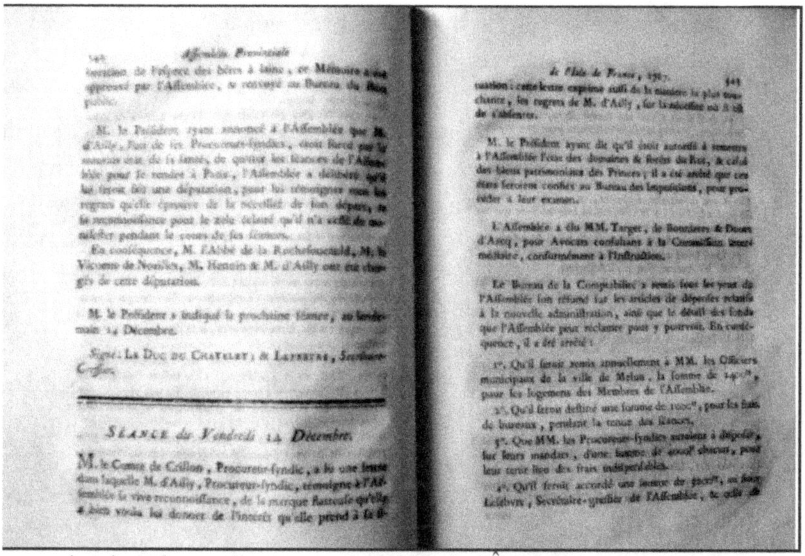

La nomination des trois avocats conseils de l'Île-de-France (AD Seine-et-Marne, 48 C 1, p. 343)

Une fois choisis, les avocats pourront entrer en fonction sans, semble-t-il, qu'un serment de leur part soit exigé lors de l'entrée en fonction.

C'est ensuite la rétribution de leur activité de conseil que l'assemblée va devoir fixer.

6. Leur rétribution

Parce que le recrutement de ces avocats conseils allait encombrer leur emploi du temps et les contraindre à se consacrer à des dossiers, les juristes choisis devaient délaisser une part de leur clientèle. Aussi, le contrôle-général, dans le dossier qu'il prépare, évoque cette question importante de la rémunération des avocats : doivent-ils exercer leur mission gracieusement ou bien doivent-ils être rémunérés des peines qu'ils supportent et des conseils qu'ils offrent à l'administration ?

Ces réflexions invitent le contrôleur-général à laisser toute liberté dans ce domaine aux assemblées provinciales ; libre à elles de déterminer la rémunération de chacun des avocats qu'elles ont choisis.

Si la plupart d'entre elles fixent des rémunérations qu'elles prennent en charge, celle du Roussillon (Perpignan) choisit une autre voie, originale celle-là : elle décide, en effet, que les avocats choisis (Marigo et Ferriol) seront payés non par un système de forfait, mais par chaque communauté (sur quelles bases ?)[155]. Ainsi donc, cela renforcerait la responsabilisation des communautés les plus âpres à plaider en justice : elles payeraient davantage que celles qui sont plus prudentes à recourir à la voie judiciaire. Cependant, l'assemblée du Roussillon n'institue pas un monopole absolu des avocats choisis pour siéger dans son conseil d'avocat : elle émet l'hypothèse où la communauté déciderait de s'écarter de l'avis commun pour plaider quand même. Alors, toute autre consultation prise auprès d'un avocat extérieur aux avocats conseils serait supportée pécuniairement par les officiers municipaux qui l'auraient décidée. Une telle conception va clairement à l'encontre de l'idée d'unité qui était celle des rédacteurs de la réforme. En outre, une telle liberté de consulter serait bien dangereuse pour des communautés dirigées par des mauvaises mains. En Bourgogne, on a rencontré de telles communautés, mal conduites par leurs syndics, qui se remarquent par des dépenses somptuaires et des procédures judiciaires aux conséquences désastreuses : hausse importante des impositions, distraction du patrimoine communal immobilier, baisse des dotations aux services publics, fuite des habitants solvables...

En pratique, les rémunérations consenties par les assemblées à leurs avocats conseils sont très hétérogènes et l'écart qui sépare les plus généreuses des plus économes varie du simple au triple (du simple au quintuple si l'on prend en considération les avocats recrutés avant 1787). Plusieurs assemblées n'y figurent pas : les archives sont muettes à cet égard (Alençon, Reims, Rouen[156]). La moyenne en 1787 s'élève à 600 livres annuelles par avocat (Metz[157], Orléans[158], Poitiers, Riom, Soissons[159]). Mais on trouve aussi des rémunérations plus généreuses : 1 000 livres en Île-de-France et en Bourgogne, 1.200 en Alsace, 1 500 en Languedoc, 2 000 à Nancy[4]. Dans un autre sens, les traitements sont en général de 400 livres (Amiens, Auch, Bordeaux, Caen) pour les conseils qui émergent dès 1772.

De telles rémunérations étaient-elles satisfaisantes ? La réponse est nuancée : le principe du cumul de rémunérations reste autorisé, donc des avocats pouvaient conserver d'autres fonctions rémunérées. Ceux qui disposaient de cabinets très actifs n'avaient donc guère de soucis à se faire.

Dans l'armée, la solde d'un sergent s'élevait à 360 livres annuelles. Voyons quelques rémunérations offertes par les assemblées provinciales. Or, à l'assemblée provinciale d'Orléans, le procureur-syndic reçoit 4 000 livres (3 000 dans celle d'Alençon[160]), le portier reçoit 600 livres (400 pour le garçon de bureau)[161]. D'un autre côté, les administrations étaient responsables de l'argent public employé aux dépenses de fonctionnement : il fallait donc éviter que l'argent du contribuable soit exagérément consacré au défraiement d'avocats qui disposent d'autres sources de revenus. L'appétit des avocats était connu et certains littérateurs s'en étaient fait l'écho. Ainsi L.-S. Mercier, dans son *Tableau de Paris*, glosait-il sur « *les écrivains* [qui] *se battent pour la gloire, les avocats se battent pour la gloire et pour la soupe*[162] ».

Les plus modestes rétributions (400 livres) sont offertes par quatre assemblées (Amiens, Auch, Bordeaux, Caen), la plus élevée (2 000 livres) l'est dans l'assemblée de Lorraine. Depuis la disparition des États de Lorraine, la province voit ainsi renaître en

---

[4] Ce montant élevé s'explique : le financement provient d'une des nombreuses fondations décidées par le duc Stanislas en 1750, appelée la « *chambre des consultations* ».

1787 une forme plus ou moins représentative dotée de compétences administratives. Là, les rémunérations sont fixées à deux mille livres par avocat : en vérité, cette somme élevée s'explique ; elle repose sur l'une des nombreuses fondations créées par le duc Stanislas (1750), destinée à offrir des consultations gratuites aux communautés et aux particuliers nécessiteux[163] (dans d'autres provinces, il existait des systèmes similaires mais bien moins organisés, appelés « *avocats des pauvres* », notamment au sein du parlement de Bourgogne ou bien au parlement de Paris par les prémisses de l'aide judiciaire[164]). Par la force des choses, toutes les communautés d'habitants pouvaient ainsi recourir aux conseils gracieux de la « *chambre des consultations*[165] ».

Par cette création, le duc de Lorraine offrait aux « *pauvres* » le droit de consulter auprès de quelques avocats qu'il avait sélectionnés et qu'il rémunérait lui-même : un fonds de 200 000 livres de France avait été constitué par ses soins et entièrement libéré. Les intérêts du capital de cette somme servaient à rémunérer les cinq avocats de la chambre, auquel il sera ajouté des capitaux supplémentaires pour recruter un secrétaire et aussi pour accorder des frais de chauffage (19 000 livres). Après sa mort, survenue en 1766, cette fondation perdura (elle avait fait l'objet d'un accord international entre le duc et le roi de France pour la maintenir après son décès[166]) et devait finalement disparaître sous la Terreur[167]. En 1787, la chambre des consultations de Nancy fusionne avec les « *avocats conseils* » prévus par la réforme : l'assemblée a décidé, avec l'accord du contrôle-général, de ne rien changer au système existant de la chambre, qui fonctionna comme par le passé et ne se limita nullement aux seules autorisations de plaider délivrées aux communautés[168]. L'explication est limpide : il fallait éviter la constitution d'un doublon à la fois inutile et financièrement coûteux. Les assemblées devaient faire preuve d'économie : il n'était pas question d'asseoir les rémunérations sur un pied trop élevé alors même que les budgets généraux des assemblées apparaissaient comme disproportionnés dans un État qui était au bord de la catastrophe budgétaire[169]. En effet, il ne faut pas oublier que l'administration locale s'était alors dualisée : à côté de l'intendant qui subsistait, on avait créé un autre échelon, de sorte qu'il fallait désormais assumer les charges de deux administrations au lieu d'une seule ! Ce système souple et respectueux des deniers publics est étendu aux généralités qui connaissent de tels comités. Dans un souci d'efficacité, les pouvoirs publics acceptent que les avocats déjà en place au sein des comités soient maintenus dans leurs fonctions dans le cadre des assemblées : ces avocats passent donc de l'autorité de l'intendant à celle de l'assemblée. Telle est la position du *Règlement* d'octobre 1787 relatif à l'assemblée provinciale de Lyon et celle-ci ne s'y oppose pas[170].

Hormis ces assemblées de Lorraine et du Lyonnais où les avocats nommés dans les comités contentieux sont maintenus, celle de Basse-Normandie dont le chef-lieu est Caen suit la même attitude : en 1787 et 1788, les administrateurs se font présenter les comptes de l'emploi des fonds libres de la capitation de la généralité. Parmi les rubriques de dépenses que l'assemblée doit confirmer, figure celle des « *appointements des 3 avocats Conseils de l'Intendance*[171] ». La somme qui leur est allouée, 1 200 livres, est donc maintenue comme elle l'était constamment depuis 1776. Il est vrai que la dépense était mineure, parmi les 90 000 livres que comprenait le budget des fonds libres de la capitation.

En Alsace, des avocats contestent le coût de la chambre royale des consultations apparue par des lettres patentes à la mi-1784[172] : elle coûterait 7 000 livres annuelles au contribuable alsacien, et ne produit que 50 consultations chaque année[173] (soit un budget global de 900 livres, selon Chauffour). La faible activité de conseil de la chambre disqualifiait le prix de son existence ; elle ne méritait pas qu'on crée un monopole pour quelques jurisconsultes peu renommés[174]. Autre écueil, celui de la langue des délibérations des communautés : par ce biais, la volonté des communautés d'habitants était édulcorée – voire modifiée à leur désavantage – en substituant le français à l'allemand, cette dernière langue étant fréquemment utilisée par les communautés. En dépit de ces critiques, la chambre de Colmar poursuit ses activités.

En Île-de-France, la rétribution des conseils est intermédiaire par rapport à celle des autres et s'élève à mille livres - par avocat. Cette somme est destinée à défrayer un travail important, puisque le nombre des communautés est important. D'ailleurs, des avocats aussi réputés que Target pouvaient-ils leur consacrer un peu de leur temps professionnel ? La somme peut donc apparaître comme une forme de dédommagement, pour la part de la clientèle perdue par cette fonction supplémentaire et pour le temps consacré à l'examen des dossiers transmis par l'administration.

Tableau 2 Rémunération des avocats des assemblées provinciales (livres)

Rémunération	Assemblée
400	Amiens, Auch, Bordeaux, Caen
467	Lyon[175]
600	Metz, Orléans, Poitiers, Riom, Soissons
1 000	Île-de-France, Dijon
1 200	Alsace
1 500	Languedoc
2 000	Lorraine

Reste, cependant à s'interroger si cette rémunération est attractive ou non ?

Rares sont les études qui ont porté sur cette thématique du revenu de l'avocat dans l'histoire. Il est vrai que les sources sont éclatées et que les archives notariales ou privées sont parfois mal classées. Toutefois, il existe l'ouvrage d'A. Poirot – difficile d'accès – qui offre une vision synthétique des avocats du parlement de Paris :

> « un bon quart… vivent proche de la pauvreté s'ils ne sont pas dans l'indigence totale… un autre quart concerne un milieu modeste. Un groupe réduit correspond à une fortune moyenne ; l'aisance… est

le lot d'un autre quart d'avocats, alors que la très large aisance touche à peu près 10% du barreau et que la richesse est l'exception[176] ».

En général, l'hétérogénéité des fortunes est très nette ; d'après Poirot, il existe un écart énorme entre les avocats aisés, titulaires d'une belle clientèle, et ceux qui courent « *la toise* » : l'écart entre ces deux catégories serait ainsi de 1 à 280[177]. Mais cet élément de sociabilité était connu ; on incitait les avocats à chercher surtout dignité et renommée, pas la fortune. L'un d'eux écrivait que « *la considération est donnée au mérite, et que jamais l'opulence n'a été le partage de l'avocat*[178] ». Aussi quand Garran de Coulon – collaborateur au *Répertoire de jurisprudence* et futur conseiller au Tribunal de cassation - fait ses débuts, il déclare n'avoir perçu que trois livres la première année (soit l'équivalent de deux journées de travail).

Les archives de la Librairie nous confirment que nombre d'avocats inscrits n'étaient pas en mesure de plaider : faute de clientèle, ils végétaient et s'occupaient de rendre de menus services. Ainsi, lors de la réforme Maupeou, plusieurs avocats parisiens sont inquiétés par la police du livre et, pour certains d'entre eux, embastillés pour de graves infractions aux règlements du livre. L'avocat Delabrande, âgé de 33 ans, est ainsi arrêté pour avoir transporté un pamphlet contre le chancelier ; il fait l'objet d'une enquête qui révèle qu'il habite dans un taudis, qu'il « *est marié et a trois enfants qui sont ainsi que lui dans la plus grande misère*[179] ». Faute de recevoir une réponse des autorités pour obtenir une place plus lucrative, il est donc contraint de vendre sous le manteau des livres prohibés pour survivre. Autre exemple, celui de l'avocat Le Mouton de Néhou : fils d'un conseiller à la Cour des monnaies, quoique noble, il décède dans une certaine misère et laisse une petite succession (1784)[180]. Quant à Duchemin, il décède dans une simple chambre ; signe éminent de sa pauvreté, sa bibliothèque, riche de 1 500 volumes lors de son mariage, ne comprend plus lors de son décès qu'une vingtaine de livres de dévotion ou d'histoire[181]. En revanche, son confrère Labouret a conservé ses livres mais mis tous ses meubles au Mont-de-Piété (1787). Ces déplorables situations ne sont cependant pas nouvelles ; en 1679, évoque M. Acerra, l'avocat parisien Charles Bernard décède, laissant cinq enfants mineurs et une épouse qui doit renoncer à la succession pour reprendre ses biens propres. Une autre veuve agit de même, précisant que les habits de son époux étaient « *si honteux* » qu'elle les a donnés aux pauvres[182]. L'un des juristes les plus féconds, Olivier Patru, de l'Académie française, était si désintéressé dans ses écrits qu'il décède dans la plus grande indigence.

D'après le conseiller d'État Vidaud de La Tour, les meilleurs avocats du barreau de Grenoble bénéficiaient de cinq à six mille livres d'honoraires annuels[183]. En Bourgogne, le ténor du barreau Ranfer précise qu'il rédigeait près d'un millier de consultations chaque année, soit dix à vingt mille livres annuelles d'honoraires. Jacob-Nicolas Moreau, dans ses *Souvenirs*, évoque le chiffre de 18 000 livres annuelles d'honoraires[184]. En Provence, J.-L. Mestre évoque le cas du juriste Siméon, qui aurait durant sa carrière donné cinq mille consultations[185]. Plus tard, sous le Consulat (1799), lorsque le Gouvernement créé des conseils de préfecture, un conseiller perçoit 2 400 francs annuels.

Pour résumer la création de ces comités, qui éclosent après 1776, la carte géographique suivante les présente, avec le nombre d'avocats pour chacun d'eux[186].

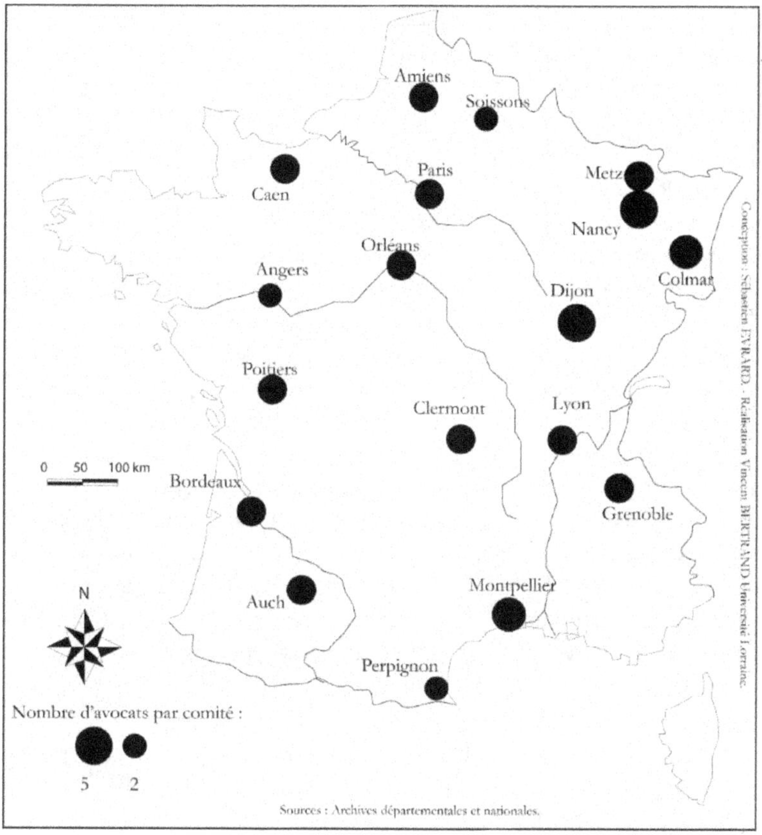

Carte 1 Les créations de comités d'avocats (1776-1787)

Notes du chapitre 3.

[126] Et d'autres, qu'a évoqué A. Mergey.

[127] Imprimé supprimé par la Cour des aides le 8 juillet 1775 : Bachaumont, *Mémoires secrets*... VIII, p. 133-140, est ensuite réimprimé en 1777 et 1778.

[128] En 1782 et 1783, Joly de Fleury édicte deux règlements destinés, l'un à l'assemblée de Haute-Guyenne, l'autre à celle du Berry. Ils modifient le régime dans un sens restrictif, en amenuisant les attributions dévolues à ces assemblées provinciales. Il est ainsi prévu un contrôle permanent de

l'intendant sur les actes de l'assemblée et de la commission intermédiaire ; il reçoit communication de la correspondance courante ; tout procès-verbal de session ne peut être imprimé sans son autorisation.

[129] Reproduit dans Isambert, *Recueil général des anciennes lois françaises, depuis l'an 420 jusqu'à la Révolution de 1789*. Règne de Louis XVI. Paris, Belin-Leprieur, 1827, t. VI, n° 2330, p. 364-374.

[130] La réforme est en effet amendée dans des textes normatifs ultérieurs : règlement du 5 août 1787, *Instructions* adressées en octobre et novembre 1787.

[131] « Affaires contentieuses des Communautés » « Les communautés d'habitants seraient tenues d'envoyer les mémoires ou pièces relatives aux contestations dans lesquelles elles auraient intérêt, à la Commission intermédiaire provinciale, qui les ferait examiner par lesdits Avocats, & leur consultation remise ensuite à la Commission intermédiaire sera par elle renvoyée auxdites communautés d'habitants, pour être jointe à la requête que ces communautés pourraient alors présenter à M. l'Intendant, pour obtenir de lui, s'il le jugeait convenable, la permission de plaider. Les communautés d'habitants seraient ainsi dispensées de se procurer la consultation d'aucun autre Avocat » : *Procès-verbal des séances de l'assemblée provinciale du Soissonnais.* Soissons, 1787, Imp. L.-F. Waroquier, p. 58.

[132] Observations « Il faudrait ajouter à cet article que les Intendants seront tenus d'avoir un Conseil d'Avocats auquel seraient apportés des sujets de contestations des Communautés, et qui décideraient sans frais s'il y a lieu ou non de plaider. Les avocats consultés ne pourraient ni plaider ni écrire sur les affaires portées à ce Conseil ; pareil établissement existe déjà dans plusieurs Généralités où l'on s'en trouve très bien.

Réponse « Les conseil d'avocats établis dans quelques Généralités pour les affaires des Communautés existent de fait par le zèle de MM. Les Intendants sans avoir jamais été prescrits, ni autorisés par aucuns règlements… On pourrait seulement engager MM. les Intendants par voie d'administration à proposer la formation de pareils Conseils dans les Provinces où il n'en existe pas encore...

L'établissement de ces conseils ne deviendra au reste une économie réelle pour les Communautés que lorsqu'il sera devenu assez général pour dispenser les Communautés en conséquence par une Loi publique des consultations d'avocats qu'elles sont actuellement obligées à se procurer à plus grands frais avant de demander l'autorisation de M. l'Intendant », AN, H 1594 n.8. Ou bien Camus de Néville, maître des requêtes et intendant de Bordeaux (après avoir été directeur de la librairie), généralité où il existait un conseil d'avocats (créé vers 1772 par Esmangard).

133 AN, H 1594 n.8.

134 Qui occupera d'éminentes fonctions au sein de l'assemblée provinciales de Lorraine et Barrois : il appartiendra en effet à la commission intermédiaire. Il était avocat en parlement, ancien premier commis au Contrôle-général des finances, propriétaire du fief de Gentilly en Lorraine (alors à proximité de Nancy). Ancien collaborateur de Necker et d'Ormesson au contrôle-général, Coster y dirigeait le bureau des dépêches ; il s'était retiré en 1783, à l'arrivée de Calonne. En 1788, il retourne au contrôle-général où il est chargé de préparer la réunion des Etats généraux. D'après E. Lemay, il s'agit de Joseph-François (1729-1818), secrétaire des États de Languedoc : *Dictionnaire des constituants…*, *op. cit.* p. 237. Son frère Sigisbert-Etienne sera élu député aux états-généraux par le clergé de Verdun.

135 « *ce recours à des comités ou conseils particuliers fonctionnant au cœur ou en marge des institutions devenait caractéristique de cette période* [1787-1789] » : Antoine, Le cœur de l'État… op. cit. p. 549.

136 Au contrôleur-général, 4 octobre 1787 : AN, H 1594, n. 51 ; les termes que nous citons sont employés dans les commentaires qui accompagnent cette lettre (n. 53).

137 1753-1840, intendant de Soissons en 1784, membre de la Chambre des pairs sous la Restauration. Il était lui-même fils d'intendant (1713-1800). Cf. S. Nicolas, Le*s derniers maîtres des requêtes de l'Ancien régime (1771-1789) : Dictionnaire prosoprographique*, Paris, 1998, p. 206.

138 L'un des commis du contrôle-général observe sur le projet d'art. 10 : « *Dans la Province du Soissonnais, M. l'Intendant a nommé un conseil d'avocats, pour décider sans frais si les Communautés seront autorisées à plaider, ne serait-ce pas bien fait de porter par le Règlement, une Loi qui établira ce Conseil généralement dans toutes les provinces ?* », Observations sur le règlement du 5 août », AN, H 1594 n.39.

139 Ainsi qu'on l'a montré pour ce qui se passe en Bourgogne :

140 AN, H 1594 n.53.

[141] Cf. l'affaire qui implique la communauté de Noiron-les-Cîteaux, déboutée d'une autorisation de plaider par l'intendant de Bourgogne, qui intente un recours devant le Conseil.

[142] Elle appuie cette décision par les dangers qui menacent les communautés d'habitants, tout particulièrement dans le domaine très technique qui est celui du droit. Les membres de cette assemblée exposent leurs craintes en des termes que Colbert n'auraient pas reniés : « il est important d'arrêter les progrès de cet esprit de chicane qui dévaste les communautés, absorbe leur revenu annuel, nécessite des emprunts onéreux et souvent entraîne la ruine même des particuliers ».

[143] Le garde des sceaux Lamoignon aux assemblées provinciales, 22 septembre 1787 : AD Orne, C 1160 n.104.

[144] Dans ce sens, les avis envoyés par l'assemblée de moyenne-Normandie au contrôle-général et les annotations de ce dernier, en marge : AD Orne, C 1160. Sur un projet de 6e § avancé par l'assemblée le 13 décembre 1787, un commis annote : « *supprimer en totalité le 6e article de cette délibération qui ne peut absolument pas subsister* ». L'affaire intéresse une séance du 11 décembre précédent, où l'assemblée se référait à une décision critiquée du Parlement de Rouen (du 10 août 1787), « *retrancher tout cet alinéa* ».

[145] Les correspondances sont signées de Lambert, contrôleur-général des finances, qui a succédé à Villedeuil, et adressées aux procureurs-syndics des assemblées.

[146] « *M. Roederer, en témoignant également sa sensibilité, et sa reconnaissance pour un choix aussi honorable, prie l'assemblée de recevoir tout son regret de l'impossibilité qu'il se trouve de l'accepter, par la raison qu'étant déjà le Conseil des plus grands Propriétaires de la Province, il arriveroit très fréquemment qu''il ne pourroit consulter pour les communautés qui auraient des intérêts opposés* » : AD Moselle, C 822, fol 36 V°.

[147] « *L'assemblée* [des Trois-Évêchés], *en approuvant la délicatesse de M. Roederer et des raisons de refus, a arrêté que le Conseil demeurera composé de deux avocats seulement, qui ont accepté* » : AD Moselle, C 822, fol 36 V°.

[148] La chambre des consultations du Conseil souverain d'Alsace : une institution tardive et méconnue (1784-1790), *Colloque d'Orléans, 12 décembre 2008*, « *Conseiller, légiférer, gouverner* », Presses universitaires d'Orléans, 2009, p. 13-36.

[149] Ainsi pour l'assemblée du Lyonnais : « *Les Avocats qui composeront ce*

Conseil ne pourront néanmoins être nommés par l'Assemblée que pour deux ans au plus, sauf à continuer pour deux autres années, & ainsi de suite s'il y avoit lieu, d'après le compte qui seroit rendu par la Commission intermédiaire, de leur exactitude & de l'utilité de leur travail pour les communautés de la Province » : AD Rhône, 9 C 2.

150 Fromont, *L'assemblée…*, *op. cit.* p.511.

151 AD Moselle C 822, fol 36 V°.

152 Terray au contrôle général, 8 juillet 1788 : AN H 1529.

153 AD Calvados, 1 J 187. Un Marescot - nom du troisième avocat du comité de l'intendance - est aussi frère, mais c'est certainement un parent de l'avocat du même nom. Le frère de la loge Saint-Jean de l'Union et Fraternité est en effet présenté comme étant lieutenant des eaux et forêts (1788).

154 On sait toutefois que de sérieux doutes subsistent en Dauphiné : d'Orbanne était bien maçon, cf. R. Favier, « Le mouvement des idées et la sociabilité des Lumières », *De pain et d'espérance. 1788-1988, Grenoble et le Dauphiné à la veille de la Révolution*, Musée dauphinois, Grenoble, 1988, p. 144-165. En Bourgogne, des cartons d'archives intéressant la franc-maçonnerie ont fait l'objet de vols.

155 « *la Commission intermédiaire… a arrêté que les honoraires desdites consultations seraient payés par les communautés consultantes ; & que dans le cas où, contre l'avis desdits Avocats consultatns, les municipalités s'obstineroient à vouloir plaider, les frais en seront supportés personnellement par les seuls Officiers municipaux, sans espoir de répétition sur la Communauté* », *Procès-verbal*, p. 163.

156 G. Cœuret, *L'Assemblée provinciale de Haute-Normandie (1787-1789).* Paris, 1927.

157 « *Une somme de 600 livres, comme honoraire, peut être disproportionnée au travail dont on ne peut encore mesurer l'étendue, mais calculés d'après les principes d'économie dont il est recommandé à l'assemblée de ne jamais s'écarter* », AD Moselle C 822, fol 36 V°.

158 En Orléanais, si les archives manquent (du fait de l'incendie qui les dévasta en juin 1940 et qui détruisit la totalité du fonds C), les études publiées nous renseignent. On sait ainsi que l'intendant de cette généralité avait budgété 1 800 livres annuelles au titre du « *traitement de la Commission établie pour la dépense des droits et intérêts des Communautés* » : Fromont, *L'assemblée…*, *op. cit.* p. 509.

159 « *Honoraires de deux Jurisconsultes, formant le Conseil établi pour les affaires*

contentieuses des Communautés, à raison de 600 livres à chacun » (*Procès-verbal des séances de l'assemblée provinciale du Soissonnais.* Soissons, 1787, Imp. L.-F. Waroquier, p. 343).

160 AD Orne, C 1160, État des dépenses fixes et variables de la Commission intermédiaire provinciale.

161 Fromont, *L'assemblée…*, *op. cit.* p.501.

162 L.-S. Mercier, *Tableau de Paris.* Amsterdam, 1782, t. II, 26 (version contrefaite publiée à l'étranger).

163 J.-N. Guyot, *Répertoire universel et raisonné de jurisprudence…*, Paris, Visse, 1784, t. VII, p.452-453, v° Fondation.

164 Boucher d'Argis évoque l'œuvre de Stanislas : « *une chambre des consultations, composée d'avocats… afin que leur ministère pût être gratuit à l'égard des pauvres* » : *Recueil de pièces concernant l'Association de bienfaisance judiciaire, fondée en 1787.* Paris, 1789, p. 31 ; W. Wolodliewicz, L'association de bienfaisance judiciaire, *RHD*, 1990, p. 363-374.

165 Fondation créée par un édit ducal du 20 juillet 1750 : *Précis des fondations et établissements faits par Sa Majesté le roi de Pologne, duc de Lorraine et de Bar.* Nancy, Antoine, 1758, ch. XXVI, p. 163-168.

166 Convention du 14 septembre 1750, conclue entre la France et la Lorraine, ratifiée par le duc Stanislas le 12 octobre de la même année.

167 Décret des 6-12 février 1793 qui « au*torise la commune de Manoncourt à emprunter quatre cents francs barrois et supprime la chambre royale des consultations établie à Nancy* » (*Table générale par ordre alphabétique de matière des lois, sénatus-consulte...* Paris, Rondonneau, 1816, t. I, p. 495 ; J.-B. Duvergier, *Collection complète des lois, décrets, arrêtés…* Paris, Guyot, 1825, t. V, p. 144

168 AD Meurthe-et-Moselle, C 504 (registres non foliotés), Versailles, Règlement du 8 juillet 1787 pour l'assemblée de Lorraine et de Barrois : art. 1er « *Il ne sera rien innové… dans les formes suivies par les Municipalités des villes et des Communautés des Duchés de Lorraine et de Barrois, ayant pour objet la conduite de leurs affaires* ». Ce qui était en place restait maintenu.

169 Le fonctionnement de ces assemblées était excessif au regard de l'état des finances publiques : en Lorraine, l'assemblée n'est pas défrayée de ses frais, parce que le trésorier général ne dispose pas des fonds suffisants (près de cent mille livres). Dans celle de Caen, le coût de l'assemblée (41 800 livres) est certes inférieur à celui de l'intendance (48 200 livres), mais ces deux sommes sont énormes : *Procès-verbal des séances de l'assemblée provinciale de Basse-Normandie tenues à Caen.* Caen, Le Roy, 1788, p. 319.

[170] Ces « *avocats ont depuis été choisis par l'assemblée provinciale pour remplir les mêmes fonctions* » en 1787, lors de la réforme des assemblées provinciales. Ils « *doivent examiner les contestations qui intéressent les communautés* » : Terray au contrôle-général, AN, H 1529, 8 juillet 1788.

[171] AD Calvados, C 8091, registre de l'assemblée provinciale de Basse-Normandie (1787).

[172] *Journal du palais*, 1784, II, p. 418-420 et notre article « La chambre des consultations du Conseil souverain d'Alsace : une institution tardive et méconnue (1784-1790) », *Colloque d'Orléans, 12 décembre 2008*, « *Conseiller, légiférer, gouverner* », Presses universitaires d'Orléans, 2009, p. 13-36.

[173] Ce chiffre n'est pas justifié au vu de l'ensemble des communautés d'habitants d'Alsace, il paraît bien faible.

[174] C. Hoffman, *L'Alsace au XVIIIe siècle*. Colmar, 1908, t. III, p. 352-353.

[175] *Compte-rendu par la Commission intermédiaire de l'Assemblée provinciale de Lyon*. Lyon, 1790, p. 41.

[176] Poirot, *Le milieu…*, *op. cit.*, t. II, p. 139-140.

[177] L'éventail des fortunes va de 3 630 livres à 882 500 : Poirot, *Le milieu…*, *op. cit.*, t. II, p. 131.

[178] *Réflexions d'un militaire*, p. 12 : Poirot, *Le milieu…*, t. II, p. 133.

[179] BNF, ms. Fr. 22.101 fol.148, pièce 90).

[180] Il laisse 6 128 livres : Poirot, *Le milieu…*, *op. cit.*, t. II, p. 129 (AN , MC XXXV, 861).

[181] Poirot, *Le milieu…*, *op. cit.*, t. II, p. 151.

[182] Acerra, Les avocats au parlement de Paris…, *op. cit.* p. 221.

[183] BM Grenoble, Q5, lettre de Vidaud de La Tour au chancelier Maupeou, 22 février 1772. Cf. aussi J. Egret, *Le Parlement du Dauphiné et les Affaires Publiques dans la seconde moitié du XVIIIe siècle*. Roanne, 1948.

[184] *Mes souvenirs*. Paris, Plon, 1898, p. 64.

[185] Mestre, *Un droit administratif…*, *op. cit.* p. 19. Le jurisconsulte est Joseph Sextius Siméon, procureur du pays de Provence. Ce chiffre produirait 150 000 livres d'honoraires.

[186] Nous remercions notre collègue de l'Université de Lorraine Vincent Bertrand, géographe, de son aide pour la confection de cette carte.

Chapitre 4

Des ténors du barreau aux modestes juristes

Les sources consultées indiquent que la quasi-totalité des avocats conseils (62 en théorie, moins en réalité, du fait de lacunes dans les archives, et nos développements se limitent aux 56 avocats sur lesquels on possède des données) ont été choisis durant les mois de novembre-décembre 1787, soit aussitôt après que les assemblées aient reçu les lettres interprétatives et les Instructions de fin octobre 1787.

D'après les éléments relatifs au choix de ces avocats, il existe une grande hétérogénéité parmi ces juristes. Certains, en effet, sont des célébrités du barreau français, tandis que d'autres émergent à peine de la médiocrité. De toute évidence, le choix des avocats qui a été fait en novembre-décembre 1787, n'a pas reposé partout sur l'excellence, mais bien souvent sur des arrangements locaux destinés à convenir à tout le monde. Aussi ces compromis sont-ils parfois remis en cause. En ce sens, il paraît nécessaire d'évoquer les recrutements opérés avant 1787, afin de pouvoir comparer les carrières des uns et des autres dans le temps : en fin de compte, le recrutement s'améliore-t-il ou bien assiste-t-on à un étiolement de la qualité des nouveaux recrutés ?

Pour les dévoiler, nous avons choisi la voie qui consiste à les partager entre plusieurs catégories : la première concerne les plus renommés d'entre eux, soit par les positions sociales qu'ils occupent, soit parce qu'ils sont très connus par leurs plaidoiries et leurs écrits juridiques dans l'ancien droit, soit encore parce que leur réputation dépasse le cadre étroit du barreau auquel ils appartiennent[5]. La renommée ne se présume donc pas ; elle doit

---

[5] Mais sans se projeter au temps de la Révolution, où certains occuperont d'importantes fonctions, tel Couthon, qui rejoint le Comité de salut public en mai 1793, et finira guillotiné lors de la chute de Robespierre, le 10 thermidor an II.

reposer sur des actes matériels qui permettent de juger sur pièces de l'étoffe de ces jurisconsultes. Ces avocats sont donc représentatifs du haut barreau. Ensuite, la seconde catégorie présente les espoirs : ceux qui sont en pleine ascension et qui sont déjà connus, mais ne sont pas encore parvenus au sommet. Enfin, la troisième catégorie touche les « *petits* ».

Tableau 3 Les 55 avocats conseils répartis entre les trois catégories

Catégorie	Ténor	Espoir	« Petit »
Nombre	6	29	22
%	10%	52%	38%

Tableau 3 Les membres des comités d'avocats (1788)

Comité	ténor	espoir	petit	
Amiens		Boistel, Boullet, Morgan		3
Tours		Delaunay	Roussereau	2
Auch		Despiau	Bonhome, Lapeyre	3
Bordeaux	Garat	Duranteau père, Saint-Guirons, Duranteau fils, Martignac		5
Caen		Descotils, Le Paulmier, Marescot		3
Colmar		Albert, Gossuin	Antoine, Barret, Richard	5
Dijon	Ranfer	Arnoult, Millot, Morelet, Virely		5
Grenoble	Barthélémy	Olivier	?	3
Lyon		Deschamps, Jacquet	Dupuis	3
Montpellier	Albisson	Favier	Gautier, Rouch	4
Metz	Roederer	Cunin	Ledure	3
Nancy			Bourgongne, du Mesnil, Michon, Mique, Reyne	5
Paris	Target	De Bonnières	Douet d'Arcq	3

Perpignan			Ferriol, Marigo	2
Poitiers		Giraudeau	Granier, Guillet	3
Riom		Bergier, Couthon, Gautlhier		3
Soissons		Charpentier	Brocheton	2
	6	**29**	**22**	

1. Les ténors : 6 jurisconsultes

Ils sont représentatifs d'une époque et d'un milieu professionnel : ces avocats sont expérimentés ; ils occupent une solide position sociale et ont été reconnus par les autorités publiques pour la qualité de leurs conseils. Aussi exercent-ils des responsabilités institutionnelles et sociales qui ne sont pas superficielles : ils conseillent le gouvernement dans des projets de réforme sensibles, ainsi pour Target avec le statut des protestants (1787). En outre, leur position est telle qu'ils sont connus hors de leur barreau d'origine ; leur influence n'est donc pas seulement locale.

Sur les 56 avocats conseils que nous avons retrouvés, ils ne sont qu'une poignée : rares, cependant, sont les dictionnaires ou biographies qui en font mention. Aussi l'occasion est-elle trouvée de les évoquer et de les sortir ainsi de l'oubli.

- Albisson (1732-1810)

Jean Albisson fait son droit à Montpellier, il y devient avocat et est recruté comme l'un des conseils des États du Languedoc. On le présente comme fin connaisseur du droit romain, tout en ayant aussi une formation en droit français[187]. Dès 1778, il exerce la fonction de garde des archives de ces puissants états. En 1786, il est choisi pour entrer au comité d'avocats nouvellement créé de l'intendant de Languedoc, Ballainvilliers, avec trois autres confrères que l'on verra plus loin, et l'un des syndics généraux du Languedoc[188]. Quelques années plus tôt, il avait rédigé un important ouvrage intitulé *Lois municipales et économiques du Languedoc, ou recueil des ordonnances, édits, déclarations, arrêts du conseil, du parlement de Toulouse* (Montpellier, 1780 et années suivantes, 7 vol. in-4°). Il rédige deux autres ouvrages [189] . En 1789, par suite de l'empêchement de deux des trois syndics-généraux, Albisson réclame de Necker – alors directeur-général des finances – la création d'une quatrième charge de syndic général des États, à son profit. Sa demande n'est toutefois pas agréée[190] : les États de Languedoc sont alors très contestés par les cours supérieures (parlement de Toulouse et cour des aides de Montpellier).

Lorsque survient la Révolution, Albisson rejoint la magistrature en qualité de président du tribunal criminel de l'Hérault. Hésitant au moment du mouvement fédéraliste de mars 1793, il lutte finalement contre ses meneurs dans le département et plusieurs sont condamnés à mort. Il est peu après destitué de ses fonctions judiciaires, puis réaffecté en qualité de commissaire du gouvernement (an III), enfin professeur de législation à l'école centrale du département de l'Hérault. En 1800, il est commissaire du gouvernement près le tribunal d'appel de Montpellier.

Sous le Consulat et l'Empire, il est d'abord élu au Tribunat, puis est nommé député au Corps législatif. Il intervient plusieurs fois lors des travaux préparatoires au code civil. Il est fait conseiller d'État en 1807, chevalier d'Empire l'année suivante, officier de la légion d'honneur.

- Barthélémy d'Orbanne (Dauphiné, 1733-1798[191]),

Célèbre jurisconsulte de son temps, avocat au parlement du Dauphiné et l'un des 40 consistoriaux de ce barreau (qui offrait la noblesse personnelle à leur titulaire), d'Orbanne est aussi l'auteur de plusieurs ouvrages de droit tels que les *Questions de Droit* (6 volumes in-folio), un *Dictionnaire de Droit* (un volume in-quarto), des *Mémoires sur le droit public en Dauphiné* (2 volumes in-quarto), enfin on lui doit un *Recueil de consultations* (6 volumes in-folio). Il était proche de la famille Bayle[192].

J. Egret le présente comme le président du « *conseil d'avocats* », que Caze de La Bove - intendant du Dauphiné – surnomme le « *conseil d'arbitrage* ». Installé en décembre 1785, ce conseil tient ses séances le samedi[193], similitude qu'il partage avec le conseil de l'intendant de Dijon. En fixant les séances de travail ce jour-là, le créateur de l'institution permet aux avocats de travailler dans leur cabinet le reste de la semaine. Les bureaux de l'administration doivent donc s'adapter à cette circonstance. Les archives sont muettes sur l'institution[194].

D'Orbanne joue un rôle important lors des évènements de 1787-1788, quand le Dauphiné entreprend de revenir vers une forme traditionnelle d'états provinciaux : il doit cependant compter avec la farouche opposition du parlement de Dauphiné aux édits royaux qui établissent cette assemblée provinciale. Élu aux états-généraux, il refuse cependant d'y siéger pour se consacrer à son cabinet. Sous la Terreur, il se réfugie prudemment dans ses terres.

L'avocat consistorial Barthélémy d'Orbanne
Bibliothèque municipale de Grenoble R.90558 (15) Rés

- Garat (Bordeaux, 1735-1799)

Originaire d'une famille établie au pays basque de l'époque, Garat est le fils d'un médecin ; son frère cadet, Dominique, rejoint lui aussi le barreau et connaît une belle carrière politique sous la Révolution française (ministre de la Justice, puis de l'Intérieur en 1792-1793, sénateur et comte sous l'Empire). Il fait son droit à

Bordeaux et y est reçu avocat en 1755. En 1762, il épouse la fille d'un chirurgien (dont il a cinq enfants).

Il acquiert la célébrité par ses plaidoiries, même s'il écrit peu. Dans l'une d'elles, tenue en 1778, il défend, devant le parlement de Bordeaux, un bourgeois de la ville de Castillon, Damade, malmené physiquement par trois nobliaux (les Queyssat). L'affaire vient ensuite au parlement de Paris où c'est Target qui va alors défendre Damade, tandis que le ténor Gerbier défend l'un des frères Qeyssat[195]. Sa notoriété est telle qu'il collabore au *Mercure de France*, à l'instar d'autres avocats tels que Boucher d'Argis ou Lacretelle.

Lorsque l'anglais Young parcourt la France, peu avant la Révolution, il s'arrête à Bordeaux, ce qui offre au juriste Bernardeau l'occasion d'évoquer la personnalité de Garat et celle de sa famille, qu'il surnomme le « *Linguet de notre barreau* », lorsqu'un danseur de l'opéra offre une tirade à l'avocat :

> « [contempler] un histrion offrir pour pansement ses sublimes gambades à un ancien jurisconsulte ». Mais un tel spectacle n'est pas étonnant : « la famille Garat ne s'est jamais piquée de bienséance & de délicatesse de sentimens… celui dont il est ici question est le turlupin du Palais dont il pourrait être l'ornement. Sa vie est très licencieuse. Il vit avec les comédiennes. Ses Enfants ont parmi nos Elégans une réputation faite de libertinage, de fatuité & de suffisance. L'aîné fait le Pantalon parmi les roués de Paris… Cette maison est une Boutique de Bel-esprit et de libertinage[196] » (17 mars 1787).

Il entre dans le conseil d'avocats de l'intendant de Bordeaux (en 1776 ? Aucune source ne le précise), mais y siège par intermittence en 1788-1789, lorsque Garat est absorbé par ses fonctions politiques.

Lors des états-généraux de 1789, il participe au Serment du Jeu de Paume et entre dans deux des comités (Vérification et Rédaction). D'après Aulard, Garat est l'un des orateurs les plus actifs lors des débats de la Constituante. Après la chute de la Bastille, il fait partie de la commission qui accompagne Louis XVI de Versailles à Paris[197].

Quand l'assemblée débat sur l'organisation judiciaire, Garat s'oppose au jury populaire (qu'il qualifie de «*plus honteuse des inepties*») et se déclare opposé à la réélection des juges élus[198]. Il parvient à faire admettre le droit à la récusation de jurés par l'accusé et insiste pour que le parricide soit amputé de la main lors de son exécution. Lassé des passions politiques, il se retire de la vie publique en 1791 et rentre dans son pays. Sous la Terreur, il est accusé de modérantisme et incarcéré plusieurs mois à Montauban avant d'être libéré.

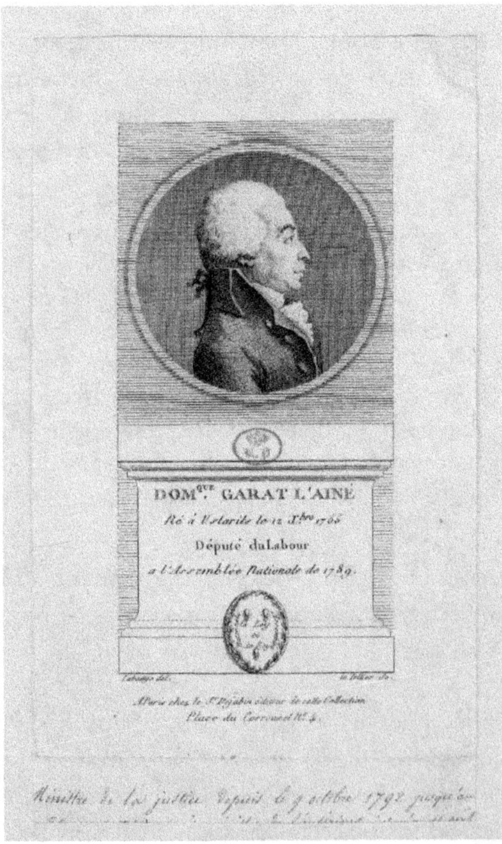

L'avocat Garat
Crédit photo : photo © RMN-Grand Palais (11-516925)

- Target (1732-1806, Île-de-France)

Descendant d'avocats, Target perpétue la tradition familiale ; il entre au collège Mazarin et rejoint le barreau de Paris après avoir fait son droit à Paris, avec une dispense d'âge. Sans conteste, c'est l'avocat le plus connu de tout notre échantillon : il conjugue écrits juridiques, pratique du barreau et emplois notoires [199] et c'est pourquoi il est l'un des rares noms à figurer dans le *Dictionnaire historique des juristes français* [200] et à être présent dans nombre de dictionnaires.

Outre sa profession d'avocat, Target appartient au Conseil souverain de Bouillon, où il croise Boucher d'Argis, plume féconde de l'édition juridique[201].

Il appartient au jansénisme parlementaire, c'est-à-dire à ces avocats qui sont partisans d'un gallicanisme à outrance. Il se fait connaître par de nombreux écrits qui louent la liberté, l'élargissement des droits des protestants et le refus des réformes judiciaires menées par le gouvernement (ainsi pour la médiatique affaire Sirven [202], où il signe le mémoire préparé par Elie de Beaumont, 1767). En 1771, il refuse de plaider durant le temps de la réforme Maupeou, ce qui contribue à sa notoriété, tant auprès de ses collègues que du public [203]. Il défend Beaumarchais contre Goëzmann, dans un litige où se mêlent épices, corruption et discrédit de la justice. En 1778, il défend Damade dans un procès qui passionne la France et qui reflète bien les conflits entre noblesse et bourgeoisie.

Lorsqu'éclate la Guerre d'Indépendance américaine, il reçoit chez lui nombre de membres de l'intelligentsia tels que Franklin, Jefferson ainsi que des écrivains comme Condorcet, Mirabeau[204].

En 1785, il fait partie des défenseurs que se donne le prince de Rohan dans le médiatique procès qui l'oppose à la reine : il s'agissait de poursuivre l'un des plus célèbres officiers de la Couronne, à la vie fastueuse, qui avait trempé – à son corps défendant – dans une machination destinée à salir la reine et à discréditer la monarchie. Deux escrocs avaient invité le cardinal à offrir à la reine des bijoux pour rentrer dans ses bonnes grâces, par le biais de comédiens qui jouaient le beau rôle[6]. Après la sentence rendue par le parlement de Paris (le cardinal de Rohan est relaxé, la prétendue comtesse de la Motte est condamnée au fouet), Target se présente à l'Académie française où il est élu à l'unanimité[205], après avoir partagé « *tous les honneurs du triomphe* » de l'aumônier naïf[206]. Voilà encore un avocat de renom qui entre à l'Académie, où le célèbre Gerbier (1725-1788) l'a précédé quelques années auparavant. Deux ans plus tard, Target contribue à la rédaction de l'édit créant un état-civil pour les protestants et les juifs (1787), à la demande de Malesherbes, ministre d'État[207]. Quelques mois plus tard, son rôle est élargi : il est en effet proposé – et admis – à l'assemblée provinciale comme l'un des trois avocats conseils de l'Île-de-France[208].

La même année, le gouvernement lui confie un projet de droit monumental : celui de préparer, avec deux autres avocats (Martineau et Ferey), « *la refonte des lois civiles et criminelles* ». À cet effet, un budget conséquent était alloué à chacun des participants de ce « *conseil de législation pour la réforme des lois criminelles et civiles* » : quatre mille écus (soit 12 000 livres) pour Target, trois mille (9 000 livres) pour chacun de ses collègues (27 décembre 1787)[209]. Déjà germait l'idée de codification, que les rois avaient prudemment mis en place dans des domaines juridiques limités, tels que ceux de la succession, du faux…

Target appartenait au Conseil du comte d'Artois, prince du sang et l'un des deux frères du roi Louis XVI[210]. Il est aussi membre du Conseil de l'université de Paris. Ces deux qualités sont aussi celle de Bonnières, son confrère qui relève de la catégorie des espoirs.

---

[6] Avec son collègue de Bonnières, dont on parlera plus loin.

L'avocat Target
Crédit photo : photo © RMN-Grand Palais (11-516817)

Élu député aux états généraux de 1789, Target y occupe un rôle prudent mais décisif ; néanmoins, il contribue à populariser un modèle de cahier-type sous le titre d'*Instruction ou si l'on veut Cahier de l'assemblée du bailliage* (1789). Avec Barnave et Le Chapelier, il participe à l'action du Jeu de Paume, dont il aurait rédigé l'arrêté (juin 1789). Dès la fin de 1789, il rejoint le club des Jacobins dont il devient le secrétaire. On lui doit l'organisation du cérémonial de la fête de la Fédération, tenue le 14 juillet 1790 à Paris et qui regroupe alors plusieurs centaines de milliers de spectateurs[211]. Lors des débats à la Constituante, il intervient à de nombreuses reprises et il est classé parmi les orateurs les plus actifs. Il appartient à quatre comités importants de l'assemblée : ceux de la législation criminelle, de la constitution, de la judicature, de la rédaction.

En 1791, la nouvelle constitution du royaume français est en partie son œuvre, aussi la surnomme-t-on « *La fille à Target* », « *La Targétade* ».

Lorsque le roi déchu lui demande d'être son défenseur lors de son procès devant la Convention, il décline cet honneur pour de prétendues raisons de santé (1792-1793). L'avènement du régime du Directoire conduit à sa nomination au Tribunal de cassation, où il reste jusqu'à sa mort (1806). En 1798-1799, il rédige un projet de code civil très court (272 articles) qui n'est pas retenu[212]. S'il ne figure pas dans la Commission de rédaction chargée de rédiger le code civil (Bonaparte lui reproche de n'avoir pas défendu Louis XVI lors de son procès[213]), il est toutefois nommé dans celle qui doit proposer un code criminel (mars 1801), avec quatre autres juristes (Treilhard, Oudart, Blondel, Vieillart). Mais les travaux de cette commission ne répondront pas aux attentes du gouvernement.

- Ranfer (Bourgogne, 1707-1788)

Simon Ranfer est le plus ancien des avocats au parlement de Bourgogne et le plus âgé de tous les avocats des comités d'avocats existants ; il avait prêté serment en 1727 (alors âgé de 20 ans). Il incarne plus que d'autres l'ascension sociale : fils d'un procureur, il monte dans la capitale du duché depuis Beaune. Il accède aux responsabilités et aux honneurs : avocat-général au bureau des finances (1748), il est aussi l'un des trois conseils des états de

Bourgogne (1757), directeur de l'université de Dijon (1776). Sa notoriété dépassait alors les frontières du duché : quand les états le proposent au roi comme l'un de leurs conseils, le secrétaire d'État de la Maison du roi (le comte de Saint-Florentin) acquiesce à cette proposition, en se référant à sa haute réputation[214].

Ses consultations sont recherchées ; plusieurs dizaines d'entre elles sont conservées à la bibliothèque municipale de Dijon. Fortune faite, il se fait ériger deux marques éminentes de sa belle position sociale : d'abord un bel hôtel particulier au cœur de Dijon[215] ; il possède un beau château aux portes de Dijon, dont il a acquis la seigneurie (Bretenières)[216]. Il se justifie en se référant aux « *petits écus de ses consultations qu'il fait payer ainsi*[217] »

En dépit de son grand âge, il est choisi en 1784 pour siéger dans le conseil de l'intendant Amelot. Ce dernier en parle avec fierté, évoquant « *mon comité composé des cinq meilleurs avocats de Dijon*[218]». Là, dans ce conseil, il se distingue par une très grande activité, sa connaissance de la jurisprudence et sa capacité à synthétiser les problèmes. Il disparaît en 1788 et c'est Ligeret de Beauvais qui lui succède.

- Roederer (Trois-Évêchés, 1754-1835)

Fils d'avocat (1701-1789) aussi bâtonnier de l'ordre de Metz (sa mère était la fille d'un avocat de Metz), il commence ses études au collège de Metz, puis fait son droit à l'université de Strasbourg où il obtient sa licence en droit (1771). Sa clientèle est composée de grands propriétaires et d'industriels (telle celle de Saint-Quirin : par sa femme, épousée en 1777, propriétaire par son père Guaïta, banquier à Francfort, des verreries de cette ville[219]). L'un de ses frères, lui aussi juriste, est alors conseiller au bailliage de Metz. En 1780, Roederer démontre son ambition ; il acquiert une charge de conseiller au parlement mais, trois ans plus tard, il échoue à en acheter une de maître des requêtes : on lui objecterait l'absence des trois degrés de noblesse requis. En 1787, il s'intéresse au problème des barrières fiscales, qui pose d'importantes difficultés de contrebande et d'échanges commerciaux. À la fin de l'année, élu comme avocat conseil à l'assemblée provinciale des Trois-Évêchés, il refuse ce poste pour éviter tout conflit d'intérêt en raison de sa clientèle. L'année suivante, Malesherbes lui réclame un rapport sur le statut des juifs en Alsace, dans les Trois-Évêchés et à Bordeaux.

Sous la Révolution, Roederer est élu député par Metz aux états-généraux après avoir fait casser l'élection de son rival Maujean, maître échevin de Metz et procureur-syndic de l'assemblée provinciale[220]. Dans la Constituante, il entre dans deux comités (Finances et Imposition). Il appartient aux orateurs les plus actifs et intervient lors des débats sur la justice, la répartition des pouvoirs, ... En 1791, il est élu procureur-syndic de Paris. Lors de l'émeute d'août 1792 (où une foule parisienne renverse la monarchie), il est contraint de se cacher. Après 1795, il se lance dans le journalisme après avoir acquis un titre de presse influent. Il enseigne l'économie à l'École centrale sous le Directoire.

Sous l'Empire, il est l'un des confidents de Napoléon et, après avoir été fait conseiller d'État, il entre au Sénat, après avoir été fait comte. En 1806, il est nommé ministre du roi de Naples (alors Joseph, frère de l'empereur), et administre le grand-duché de Berg en 1810. Il a laissé d'importantes *Œuvres*.

Viennent, ensuite, ceux qu'on peut appeler les espoirs du barreau.

2. Les espoirs : 29 avocats

Ces avocats occupent une position intermédiaire : ils ne sont certes pas des inconnus, mais leur ascension est toutefois lente et intermédiaire. On se propose d'évoquer leurs noms par ordre alphabétique.

- Albert (Alsace, 1739-1807)

Né dans les Trois-évêchés d'une famille venue de Franche-Comté, Albert a quatre de ses frères qui sont clercs ; deux autres sont avocats. Son père est avocat, conseiller à l'hôtel de ville de Bouzonville ; sa mère est la fille du greffier d'une prévôté. Il fait son droit à l'université de Strasbourg et prête le serment d'avocat en 1765. En 1767, il épouse la fille d'un avocat au Conseil souverain d'Alsace (dont il a cinq enfants).

Jean-Bernard Albert est un ancien bâtonnier de l'ordre des avocats d'Alsace. A cette époque, le bâtonnier était élu tous les ans par ses collègues ; en réalité, était élu l'un des plus anciens avocats inscrits au tableau. Il occupe une fonction importante, puisque c'est lui qui tient le tableau et peut donc décider de ne pas reconduire sur ce dernier un avocat l'année suivante.

Elu en 1789 député adjoint aux états-généraux, il y siège (après la mort du titulaire, Herman en décembre 1790) avec son confrère Reubell et sera presque constamment réélu dans les assemblées futures[221]. Lors du procès du roi, il vote pour la détention, pour le sursis et pour l'appel au peuple. En septembre 1797, il est nommé au Tribunal de cassation, puis rejoint le Conseil des Anciens l'année suivante. Opposé au coup d'état de Brumaire, il se retire et, en 1807, il met fin à ses jours après des spéculations malheureuses[222].

Jean-Bernard Albert (1739-1807)
Crédit photo : photo © RMN-Grand Palais (11-515909)

- Arnoult (Bourgogne, 1734-1796)

Fils de notaire, issu d'une famille nombreuse de Bourgogne du nord, André Arnoult se distingue par son goût du droit et acquiert très vite une telle notoriété que ses fonctions s'enchaînent. En 1784, l'intendant Amelot le fait entrer – avec quatre autres de ses confrères – dans le comité d'avocats qu'il vient officieusement de créer. Selon Amelot, Arnoult possède un profil particulier : il est en effet « *spécialisé en droit public* ».

Arnoult est considéré comme la créature des forces conservatrices de Bourgogne, en particulier du prince de Condé, gouverneur de la province et premier prince du sang. Il conseille des institutions religieuses, qui sont alors de grands propriétaires immobiliers [223]. Ces deux éléments le font rapprocher de la personnalité de Roederer en Lorraine.

Élu député aux états-généraux, il y reste quelques temps avant d'être élu procureur-syndic de la Côte-d'Or, département dont il suggère le nom. Inquiété sous la Terreur (on lui reprochait une correspondance passée avec un émigré), il est élu au Tribunal de cassation après Thermidor, poste qu'il refuse pour raisons de santé et décède peu après (1796). On lui doit une *Collection des décrets de l'Assemblée nationale constituante rédigée suivant l'ordre des matières* (Dijon, Causse, 1792).

André Arnoult 1739-1807)
Crédit photo : photo © RMN-Grand Palais (11-515919)

- Bergier (Auvergne, 1742-1826)

Reçu licencié en droit de la faculté de Valence – de piètre réputation[224] -, Antoine Bergier exerce comme avocat à Clermont. En 1766, lors des élections pour le choix du bâtonnier, il obtient suffisamment de voix de ses confrères pour que le procureur-général le désigne comme le nouveau bâtonnier de l'ordre[225]. Lorsque le roi annonce la convocation prochaine des états-généraux, Bergier publie un ouvrage où il s'interroge sur la forme que doivent suivre ces états (*Réflexions sur les principales difficultés que présente la Convocation prochaine des Etats-Généraux*. Clermont, 1788, in-8°).

Il est élu au conseil des 500 en 1795, puis entre au Corps législatif (1799). On lui doit divers traités de droit, dont la réédition du *Traité des donations* de Ricard (1793, in-folio, deux vol.).

Avec ses collègues Couthon et Gaulthier, il appartient à la franc-maçonnerie auvergnate et ils ont en commun d'être des célébrités locales[226].

- Boistel de Belloy[227] (Picardie, 1751-1824),

Il est le fils d'un avocat en parlement, et exerce la fonction de président trésorier de France au bureau des finances d'Amiens (mars 1781). Il est lieutenant-particulier du bailliage d'Amiens après avril 1785. Il possède plusieurs seigneuries : celles de Saint-Vast, de Mourchy-Fremont de la paroisse Saint-Firmin.

Le 17 décembre 1787, l'assemblée provinciale de Picardie le désigne, avec Boullet et Morgan, pour composer le conseil d'avocats exigé par l'article 10 des lettres du 5 août 1787 :

> « l'Assemblée désirant former un comité de trois Avocats pour le rapport des affaires qui intéressent les communautés, conformément aux Instructions ministérielles, apportées à l'ouverture des séances par MM. les Commissaires du roi ; et procédant à la nomination de ceux qui doivent composer ce comité, par la voie du scrutin, MM. Morgan, Boistel de Belloy et Boulet de Varennes, ont été nommés à la pluralité des voix[228] ».

- de Bonnières (Île-de-France, 1750-1801),

Originaire du Berry (Graçay, d. Cher), Alexandre-Jules-Benoît de Bonnières est l'élève de Pothier à Orléans avant de monter à Paris où il s'inscrit au barreau en novembre 1769. Une étude sur le barreau de Paris le décrit ainsi : « *Orateur gracieux et d'un organe enchanteur ; l'élégance des formes et du débit n'excluait pas chez lui la profondeur ; sa mémoire était prodigieuse, sa facilité d'élocution faisait oublier les imperfections de langage qui lui échappaient*[229] ». Dans ses *Souvenirs*,

Berryer le mentionne comme l'un des dix meilleurs avocats du barreau de Paris :

> « dont la facilité était si merveilleuse qu'on la comptait pour un talent ; agréable dans toute sa personne, il saisissait pour ses causes tout ce qui lui était offert de moyens et les classait dans un ordre parfait : c'était un torrent qui coulait sur la plage sans trop la creuser[230] ».

Il était premier conseiller au Conseil du comte d'Artois (depuis 1781), et défendit le prince de Rohan lors de son procès (1785-1786). Il s'occupait aussi des affaires de grands seigneurs ou de richissimes personnages, tel qu'Augeard. Celui-ci, secrétaire des commandements de la reine, était également fermier général et a laissé des *Souvenirs*[231].

En 1787, il est l'un des six conseils que comprend l'université de Paris ; il y côtoie Blondel, Gerbier, Target. Il est fait chevalier de Saint-Michel la même année. En 1790, il sert comme conseiller au sein du Conseil souverain de Bouillon. Ainsi, ces différentes participations à des conseils sont honorifiques et lucratives : on sait que les juristes qui entouraient les conseils des princes étaient bien rémunérés. En 1789, il participe à l'assemblée de la noblesse du bailliage de Beauvais pour les élections aux états-généraux ; on le décrit comme « *peu favorable aux idées nouvelles*[232] ».

Il habitait près du parvis Notre-Dame ; il aurait été sauvé de la mort par le conventionnel Tallien sous la Terreur. En 1796, sous le Directoire, il est élu au Conseil des Cinq-cents ; il est déporté au moment du 18 fructidor et revient en France sous le Consulat.

- Boullet de Varennes (Picardie, 1737-1796),

Cet avocat renommé, qualifié d'« *écuyer* », membre de l'académie d'Amiens, entre au Conseil de l'intendant d'Agay en 1776 ; il y reste jusqu'à sa disparition. Lorsqu'apparaît l'assemblée provinciale de Picardie, il est élu comme l'un des deux procureurs-syndics représentant le tiers-état (1787, le comte de Gomer représente la noblesse). On sait qu'il cumule cette fonction avec celle de membre du comité d'avocats[233], de censeur royal (il doit approuver les projets éditoriaux présentés par des auteurs, et rédige un rapport adressé au garde des sceaux par l'intermédiaire du directeur de la Librairie), d'inspecteur de la Librairie à la chambre syndicale d'Amiens, membre aussi de la commission des hospices.

Son fils Charles-Marie poursuit la tradition familiale du droit ; il devient, au XIXe siècle, le premier président de la cour d'appel d'Amiens.

- Charpentier (Soissonnais, 1717-1791)

Dans les actes de l'assemblée provinciale du Soissonnais, André-Jean-Henri Charpentier est présenté comme exerçant alors la profession de juge : il est alors lieutenant-général aux bailliage et présidial de Soissons[234]. Or, n'étant plus avocat au parlement mais seulement « *avocat en parlement* », il n'obéirait pas aux conditions règlementaires qui exigent le concours d'un avocat en exercice. Il est aussi le directeur de l'Académie de Soissons (1779). Mais ce magistrat d'un tribunal moyen, après avoir débuté sa carrière professionnelle comme avocat dans le modeste bailliage de Chauny (d. Aisne), avait exercé de très hautes responsabilités durant l'époque du coup de majesté de Maupeou (survenu en 1771-1774). Il avait appartenu au Conseil supérieur de Chalons en qualité de président (1771-1774 : le premier président était alors Rouillé d'Orfeuil, intendant de Champagne). On sait en effet que la réforme Maupeou avait réduit le gigantesque ressort du parlement de Paris, et avait suscité l'apparition de plusieurs conseils supérieurs (Chalons, Blois…)[235]. À ce moment, le *Journal historique de la révolution opérée dans la constitution de la monarchie française*, évoque les circonstances dans lesquelles Charpentier avait été désigné par le chancelier, qui avait su le convaincre d'accepter la fonction qu'il lui destinait. On le décrit comme un « *magistrat recommandable par son zèle pour la justice, par ses lumières, par ses mœurs, par sa conduite, que sa fortune plus que médiocre le mettoit dans le cas de ne rien désirer de mieux*[236] » (2 avril 1771).

Ce motif de dévouement au chancelier dans une époque difficile, lui avait valu une pension élevée sur le Trésor (3 000 livres)[237]. D'après un ancien dictionnaire, « *on ne trouve guère d'hommes plus instruits, plus profonds, plus intègres d'être cités*[238] ». Il existe un portrait de lui.

Hormis cette activité judiciaire, Charpentier aurait aussi exercé des activités administratives : celle de subdélégué de l'intendant dans la circonscription administrative de Soissons. Cette pléthore de responsabilités, mêlant le judiciaire et l'administratif, ressemble à l'avocat Millot en Bourgogne.

- Couthon (Auvergne, 1755-1794)

Cet avocat appartient, comme ses deux confrères Bergier et Gaultier, à la franc-maçonnerie. Il est nommé, en novembre 1787, avocat conseil de l'assemblée provinciale d'Auvergne[239].

Avocat paralysé des membres inférieures. Il est élu à la Législative par le Puy-de-Dôme, puis réélu à la Convention (août 1792). Montagnard, il vote la mort du roi (janvier 1793) puis entre au Comité de salut public en mai 1793. En octobre 1793, il réprime l'insurrection de Lyon. Il est aux côtés de Robespierre en prairial lors du vote de la loi instituant la « *Grande Terreur* ». Il sera guillotiné le 10 thermidor à la chute de ce dernier (juillet 1794).

- Cunin (Trois-Évêchés)

Lorsqu'il est nommé avocat conseil de l'assemblée des Trois-Évêchés, en 1787, Jean-Baptiste-Nicolas Cunin exerce comme avocat depuis novembre 1763 ; il est aussi l'un des sous-bibliothécaires de l'ordre[240]. Il avait fait ses études de droit à l'université de Strasbourg. Lorsque l'assemblée provinciale entre en fonction, Cunin est conseiller à l'assemblée de district de Metz, et échevin à l'hôtel de ville[241].

En octobre 1790, lors de la refonte du système judiciaire, Cunin devient magistrat au tribunal de district de Metz[242] ; en 1803, il aurait été conseiller au tribunal d'appel de Metz[243].

- Delaunay (Anjou, 1754-1794)

Issu d'une fratrie de trois avocats au bailliage-présidial d'Angers, fils de juriste[244] et cumulant sa profession d'avocat avec celle de juge sénéchal (deux justices seigneuriales[245]), élevé à l'Oratoire d'Angers puis licencié en droit de la faculté de droit de la même ville, Joseph Delaunay émerge par le rôle qu'il occupe lors de la réunion des assemblées de la province de Touraine (1787-1788). Il est initialement choisi par le comte de Walsh pour défendre les intérêts de la noblesse, mais Delaunay parvient vite à s'émanciper de son encombrant mentor[246]. Il joue un rôle considérable pour préparer les esprits lors des premiers mois de 1789 et contribue à la révolution municipale à Angers. Mais, à sa grande déception, il n'est pas élu aux états-généraux.

Élu à l'assemblé législative (1791-1792), Delaunay est réélu à la Convention et fait partie de la Montagne[247]. Lors du procès du roi, il vote pour la mort, contre l'appel au peuple et sans le sursis. Lors de la discussion sur les compagnies financières (décembre 1793), il préconise leur liquidation. Il est guillotiné en avril 1794 après avoir trempé dans l'affaire de la Compagnie des Indes avec Chabot et Fabre d'Eglantine (ces députés avaient falsifié un décret de la Convention nationale pour s'emparer de biens de la compagnie qui venait d'être dissoute). Une dizaine de députés de la Convention et Danton sont ainsi condamnés à mort[248]. R. Caratimi le présente comme un député « *qui manquait tout à la fois d'honnêteté, de rigueur et d'intelligence, se laissa entraîner dans une combinaison financière qui fut l'une des plus grandes tentatives d'escroquerie de la période 1789-1795*[249] ». Son frère cadet fit une belle carrière, puisqu'il entra dans la magistrature et devint président de chambre dans une cour impériale.

- Deschamps (Lyonnais, 1745-1793)

Pierre-Suzanne Deschamps avait pour père François Deschamps, avocat ès cours de Lyon, ancien échevin (1746-1747), procureur du roi en la maréchaussée de Lyonnais[250]. Il est reçu avocat en 1765 et est domicilié « *rue Trois Marie* » et « *quai de la Baleine*[251] ». Auteur d'un traité de l'adultère dans le *Dictionnaire de droit et de pratique* de

Prost de Royer (1782)[252], il appartient à la commission de la noblesse chargée de rédiger les cahiers de doléances du Lyonnais[253]. En 1789, il est élu député de la noblesse dans la sénéchaussée de Lyon pour les états-généraux, mais s'abstient, après 1790, d'être présent aux travaux de l'Assemblée nationale. En mars 1793, lorsque Lyon prend les armes contre la Convention, il aurait exercé les fonctions d'accusateur public près la cour martiale. Quand les armées républicaines encerclent la ville, il aurait trouvé la mort (9 octobre) lors d'une sortie près de la forêt d'Alix, tentée par Précy et Virieu[254].

L'avocat Deschamps (AM Lyon)

- Descotils (Caen)

Cet avocat normand est un spécialiste du droit des tailles, qui formait une large part des demandes des communautés en autorisation de plaider devant l'intendant de Caen[255]. Il était frère de la loge caennaise « *Saint-Jean de Thémis* », sous le nom d'Hubert-Descotils[256]. Dans son étude consacrée au barreau de Caen, P. Carel n'apporte guère plus d'informations[257].

- Despiau (Auch)

Cet avocat suit un cumul de fonctions qui n'est pas très rare parmi notre échantillon d'avocats. Il est en effet juge, notaire et subdélégué de l'intendant. En 1787, il est nommé comme l'un des trois avocats conseils de l'assemblée provinciale d'Auch, ce qui suscite de vives critiques du marquis de Galas. Les Despiau étaient des notables de la ville d'Auch, en lui donnant des médecins, des juristes, des bourgeois, des consuls, dès la fin du XVIe siècle[258]. Il existe aussi un autre Despiau (parfois appelé d'Espiau) qui siège à l'assemblée provinciale dans les rangs du clergé.

- Duranteau père (Bordeaux, 1718-1790)

Membre du conseil de l'intendance de Bordeaux, cet avocat entré au barreau en 1736 est aussi à l'origine de la création d'une société culturelle dans cette dernière ville, encouragée par les soins de la reine Marie-Antoinette et de l'intendant Dupré de Saint-Maur (1783). Il est deux fois jurat de Bordeaux et, au moment de sa mort, il était officier municipal de Bordeaux[259]. Il est père et grand-père d'avocats bordelais, dont le dernier donnera son nom à l'une des rues de la ville[260]. Il avait épousé mademoiselle de Kater, dont il a dix-sept enfants.

- Duranteau fils (André, Bordeaux, 1743-1817)

Fils aîné de celui qui précède, avocat, il rejoint le conseil d'avocats de l'intendant de Bordeaux vers 1786, d'après des dépouillements conduits aux archives de la Gironde.

Il est membre du tribunal d'appel de Bordeaux sous la Révolution, président de chambre à la Cour impériale (1811), président honoraire (1816). L'un de ses frères entre dans la marine et accède au grade de contre-amiral[261]. Son fils devient avocat et est élu bâtonnier en 1823-1824.

- Favier (Montpellier)

Fils d'avocat et subdélégué de l'intendant de Languedoc à Montpellier, Favier fils suit la trajectoire de son père. En 1779, il est nommé adjoint à son père. On sait que l'intendant récompensait son subdélégué en lui faisant octroyer des gratifications : celles-ci devaient être autorisées par les pouvoirs publics du contrôle-général des finances ; elles étaient une source précaire et exceptionnelle de revenus. En 1786, l'intendant de Montpellier parvient à octroyer à son subdélégué de Toulouse la somme de 1 200 livres[262] ; sans doute la même pratique a-t-elle existé pour celui de Montpellier.

- Gaulthier de Biauzat (Auvergne, 1739-1815),

Cet avocat est issu de la petite noblesse d'Auvergne, et fait son droit à Toulouse. Il est l'auteur de *Doléances sur les surcharges que les gens du peuple supportent en toute espèce d'impôts, avec des observations historiques et politiques sur l'origine et les accroissements de la taille* (1788). Il est élu député du tiers à la Constituante ; après la suppression des avocats, il rejoint la magistrature et siège au Tribunal de cassation en 1798, puis est conseiller à la Cour impériale de Paris[263].

Il entre en politique en devenant en 1787 membre du conseil provincial d'Auvergne. Il est ensuite élu député du Tiers état pour représenter la sénéchaussée de Clermont aux États généraux. Il y prêta le serment du Jeu de Paume en juin 1789. Lors du choix des noms de département en 1790, il plaida pour que le département (dont Clermont-Ferrand est le chef-lieu) ne s'appelle pas Mont-d'Or (Mont-Dore avec l'orthographe actuelle) mais Puy-de-Dôme.

Il craignait que le nom Mont-d'Or fasse trop riche. Il est l'un des fondateurs du *Journal des Débats* (1789-1796).

Il est élu maire de Clermont-Ferrand en 1790, poste qu'il occupe jusqu'en 1791. Il est emprisonné pendant la Terreur, puis libéré le 9 thermidor an II (27 juillet 1794) lors du coup d'état qui voit la chute de Robespierre. Après sa libération, il retrouve le poste de maire qu'il occupe jusqu'en juillet 1795. La même année, il est professeur de législation à l'école centrale du département.

Il entre au Conseil des Cinq-Cents instauré par la constitution de l'an III et aurait été l'un des juges du Tribunal de cassation, entre 1797 et 1800[264]. Après la dissolution de ce conseil à la suite du coup d'État des 18-19 brumaire par Napoléon Bonaparte (9-10 novembre 1799), il devient commissaire et accusateur public auprès du tribunal de la Seine (1799-1802), mais il doit démissionner pour des raisons de santé (il finit sa vie aveugle). Il est alors nommé juge du siège, puis conseiller à la Cour impériale de Paris et le reste jusqu'à sa mort.

- Giraudeau (Poitou)

Cet avocat du Poitou siège comme avocat conseil en 1787 ; d'après les quelques écrits qui sont restés, on disait qu'il existait un triumvirat d'avocats célèbres avant la Révolution qui plaidaient au présidial de Poitiers : en faisaient partie Laurendeau, Giraudeau, Thibaudeau[265]. En août 1787, Giraudeau siège à l'assemblée provinciale tenue à Fontenay-le-Comte, en qualité de secrétaire-greffier.

Après les évènements de 1789, ce juriste devient juge au tribunal civil de Poitiers.

- Gossin (Alsace, 1754-1794)

Pierre-François Gossin est originaire de Souilly, dans le duché de Bar. Il est le fils d'un procureur à la chambre des monnaies de Metz. Il fait ses études de droit à Strasbourg. Lieutenant général civil et criminel du bailliage de Bar-le-Duc, il est élu par ce bailliage pour siéger aux états-généraux. Il intervient dans plusieurs débats, notamment dans celui relatif au projet de diviser le territoire en départements (1789), de partager le tribunal de cassation en sections (1790), de créer les archives nationales ou des écoles nationales… En 1792, il est élu procureur-syndic du département de la Meuse : lors de l'invasion du département par les troupes ennemies qui s'emparent de la partie nord (Verdun…), il parlemente avec elles et cela lui sera reproché : on l'accuse d'avoir ainsi pactisé avec le duc de Brunswick, généralissime des armées ennemies. Pour ce motif, il est poursuivi, arrêté et condamné à mort par le Tribunal révolutionnaire le 4 thermidor de l'an II (22 juillet 794), et exécuté le lendemain, cinq jours avant la chute de Robespierre et de ses partisans.

- Jacquet (Lyonnais, 1732-1794)

Cet avocat lyonnais présente deux figures originales : il est le seul clerc de notre échantillon et est spécialiste du droit du travail. Il est reçu avocat en 1772 et est déclaré domicilié près de l'archevêché[266]. Il appartient aux chevaliers de l'église de Lyon.

L'abbé Louis Jacquet appartient déjà, dès 1784, au comité de l'intendant de Lyon. Quand l'assemblée provinciale du Lyonnais nomme des conseils pour l'éclairer dans les affaires contentieuses, Jacquet conserve ses fonctions. Ce juriste, homme éclairé et comme tel, membre de l'académie de Lyon et auteur de manuscrits philosophiques[267], était aussi réputé pour être le « *conseil des soyeux*[268] ».

Lors des évènements de 1793-1794 qui intéressent Lyon, il aurait trouvé la mort avec l'architecte Boulard[269].

- Le Paulmier (Caen, 1729-1788)

Jean-Jacques Georges Le Paulmier est un avocat normand très actif, dont le parcours professionnel n'est pas sans rappeler quelque peu celui de l'avocat Millot à Dijon.

Docteur en droit, Le Paulmier exerce la fonction de professeur aux droits canonique et civil à l'université de Caen, ancien recteur de cette dernière ; il dirige un temps l'académie des Belles-Lettres de cette cité normande. Il assure des fonctions tant judiciaires qu'administratives : il est en effet sénéchal de l'abbaye de Sainte-Trinité, syndic perpétuel du collège des avocats, subdélégué de l'intendance de Caen, échevin (1781), enfin inspecteur de la librairie à la chambre syndicale de Caen. Il appartenait à l'une des loges maçonniques de Caen, celle de la Loge « *Saint-Jean de l'Orient*[270] ». Il avait épousé la fille d'un magistrat de la province, Le Coq de Biéville[271].

En novembre 1774, quand Louis XVI rappelle le parlement de Rouen et supprime les conseils supérieurs de Bayeux et de Rouen, créés par Maupeou, Le Paulmier, en tant que syndic des avocats, prononce un discours favorable à ce rappel[272]. Il décède en janvier 1788 et il ne semble pas avoir été remplacé[273].

Après son décès, survenu en janvier 1788,: or, selon C.

- Marescot (Caen)

Jean Marescot est présenté comme « avocat au bailliage de Caen, en 1781[274] ». Les renseignements supplémentaires manquent sur cet avocat.

- Martignac (Léonard Gaye de, Bordeaux, 1742-1820)

Cet avocat originaire de Brive, issu d'une famille de magistrats d'élection (juridiction fiscale de première instance)[275], a choisi une réorientation professionnelle : dans une première vie, il était officier au régiment de Flandres jusqu'à ce que les cadres de cette unité soient, après la Guerre de Sept Ans, licenciés – comme tant d'autres[276]. En 1765, il s'inscrit au barreau de Bordeaux après avoir épousé la fille d'un avocat (Lamusse). Il rejoint le conseil d'avocats de l'intendant de Bordeaux aux environs de 1785[277]. Comme Duranteau père, il avait appartenu aux jurats de Bordeaux.

Aux débuts de la Révolution, il participe à la nouvelle municipalité de Bordeaux (l'un des vingt magistrats municipaux en mars 1790, puis notable en décembre 1790). Il délaisse alors son nom de Gaye pour celui de Martignac. Sous la Terreur, il s'oppose à Lacombe, président du tribunal révolutionnaire, par qui il est accusé de modérantisme. Il en appelle au représentant Garnier de Saintes qui tranche en sa faveur et condamne Lacombe à la mort. Lors de la réorganisation de la magistrature, en l'an VIII, la présidence de la cour d'appel de Bordeaux lui est proposée, mais il refuse, sans doute pour des raisons politiques (il était resté monarchiste). En 1816, il accepte les fonctions de conseiller à la Cour royale de Bordeaux. En l'an X (1802), il appartient à la liste des notabilités de la Gironde comme « *homme de loi* ». Il exerçait aussi des fonctions politiques : de 1802 à 1817 (année où il est frappé de paralysie), il est l'un des membres du Conseil général de la Gironde, où il avait remplacé Jaubert, nommé à la Banque de France et au Tribunat[278]. À cette époque, Martignac est présenté comme possédant six mille francs de revenu annuel (et paye 766 francs d'imposition).

Son fils Jean-Baptiste (1778-1832) est le secrétaire de Sieyès, nommé ambassadeur en Prusse en 1792. Rentré en France en 1801 à son retour d'émigration, il reprend ses études de droit et devient avocat, puis avocat-général à Cour royale de Bordeaux en 1820. Député en 1821, il organise l'expédition d'Espagne, est ministre d'État sous Charles X et est remplacé par Polignac en 1829. Il le défendra trois ans plus tard, lors du procès qui lui sera intenté devant la Cour des pairs. Une rue de Bordeaux porte son nom[279].

L'avocat Martignac[280]

- Millot (Bourgogne, -1803)

Cet avocat dijonnais cumule différentes fonctions administratives et judiciaires. Après avoir prêté serment en 1754, il plaide en tant qu'avocat mais occupe d'autres fonctions[281]. Il est substitut à la chambre des comptes de Bourgogne, subdélégué de l'intendant dans le département de Dijon, deux fonctions qui l'occupent en conséquence il est l'un des rapporteurs les plus actifs du comité d'avocats de l'intendant de Dijon. Il est l'auteur d'un traité de droit consacré à la fiscalité directe (*Traité des tailles en usage dans le duché de Bourgogne*[282]). Sa personnalité le fait un peu ressembler à Poullin de

Vieville, auteur d'un *Code des tailles*, qui a aussi contribué à la réédition du Denisart menée par Camus et Bayard.

- Morelet (Bourgogne)

Cet avocat respectable est le bâtonnier de l'ordre de Dijon quand surviennent les évènements de 1787-1789. Ayant prêté serment en 1745, il possède près de 40 ans d'expérience à cette époque difficile. Lorsque la réforme Lamoignon est abrogée (septembre 1788), Morelet se félicite du retour du parlement de Bourgogne : l'échec de l'autorité monarchique est ainsi vu comme la victoire de la liberté sur « *l'esprit de despotisme* » (15 octobre 1788).

Il occupe aussi d'autres fonctions, étant échevin au sein de la mairie de Dijon qui, avec ses 22 000 habitants, est la principale ville de Bourgogne.

- Morgan (Picardie, 1711-1798)

Cousin du maire d'Amiens Morgan de Belloy, Morgan est l'un des avocats à la plus haute réputation[283]. Il descend d'une longue lignée de juristes, puisque l'un de ses ancêtres officiait comme conseiller au bailliage d'Amiens sous Louis XIII.

Son activité professionnelle est altérée par sa nombreuse famille (son épouse avait donné naissance à 24 enfants en 24 ans), par sa fortune fort bornée et par des députations qu'il a faites au bénéfice de la ville d'Amiens[284]. L'intendant s'efforce de lui obtenir une pension sur le gouvernement, sans y parvenir cependant : il le présentait comme « *l'avocat le plus occupé de la ville et le plus assidu au travail* »[285]. Aussi Morgan cumule ses fonctions et ses places au service de seigneurs : il est, notamment, le « *bailli général de la châtellenie de Daours et Vecquemont*[286] ».

- Olivier (Dauphiné)

Cet avocat dauphinois aurait fait partie du conseil d'arbitrage créé par le commissaire départi Caze, en 1784.

- Roussereau (Angers, 1744-1828)

François Roussereau cumule les fonctions. Outre sa qualité d'avocat au parlement de Paris, attaché au barreau du bailliage-présidial de Tours, il est aussi professeur de droit à la faculté d'Angers en 1768, et bailli de la terre de Véretz. Quand survient la Révolution française, il devient juge de paix à Tours (1790)[287] et juge de district. Élu à cette dernière fonction en 1790, il est réélu l'année suivante[288].

- Saint-Guirons (Bordeaux,)

Cet avocat du conseil de l'intendance est aussi un juriste réputé dans la généralité de Bordeaux. Après la Révolution française, comme nombre de ses anciens confrères, il devient magistrat et exerce comme juge au tribunal de district de Bordeaux (1793).

- Virely (Bourgogne, 1733-1810)

Cet avocat bourguignon dispose d'un bon réseau d'alliance et de parenté. Acquéreur d'une charge supérieure (celle d'avocat-général à la Cour des monnaies), il est aussi l'un des trois conseils des états de Bourgogne, fonction qu'il partage avec ses confrères Arnoult et Ranfer. Il incarne la réussite professionnelle[289]. Sous le Consulat, Virely est président de chambre au tribunal d'appel de Dijon.

Après ces deux premières catégories d'avocats, la troisième intéresse des avocats moins renommés que leurs collègues, celle des petits.

3. Les « **petits » : 21 avocats**

Cette appellation n'est pas négative ; elle cherche à résumer tous ceux qui appartiennent aux conseils d'avocats sans avoir pour autant laissé de traces dans l'édition, la littérature ou l'histoire politique française. Pour autant, certains semblent appartenir au milieu de ces avocats besogneux, auquel on reprochera d'être sans clientèle, qualifiés de « *travailleurs à la toise* [on dirait au mètre, parce qu'entassés à plusieurs dans une même pièce]», pour leur capacité à rédiger des mémoires à la suite comme de vulgaires salariés ; on disait d'eux qu'ils « *n'ont consulté que Ferrière et Denisart* », auteurs de deux ouvrages très connus de l'édition juridique [290] . Mais la formation du juriste idéal ne pouvait se résumer à un seul ouvrage, aussi concis soit-il : le « *Denisart* » était issu de la plume féconde d'un procureur et il fourmillait d'erreurs, deux choses que les avocats ne pouvaient admettre – et il se vendait comme des petits pains. La veuve Desaint en imprimera près d'une dizaine de milliers et il est l'un des best-sellers de l'édition juridique contrefaite de 1750-1785. C'est pourquoi une dizaine d'avocats travaillera à éditer une seconde édition, plus rigoureuse.

- Bonhomme (Auch)

C'est le marquis de Galas qui en fait la mention – très négative, d'ailleurs - dans les *Souvenirs* qu'il a laissés de l'activité de l'assemblée provinciale d'Auch. Les archives du Gers, à notre connaissance ne conservent guère de traces de son passage.

- Douët d'Arcq (Île-de-France, avant 1726-1806)

Cet avocat originaire de Champagne (Wassy, d. Haute-Marne) était un des anciens du barreau : il s'y était inscrit en 1746, révèle l'*Almanach royal.* Il était bailli du bailliage de la barre du chapitre Notre-Dame de Paris[291], une de ces très nombreuses juridictions que comportait alors la ville de Paris[292] et qui recevait en appel les sentences de plusieurs justices des environs de Paris, sans qu'il y ait de cohérence géographique entre elles[293]. On le retrouve, en avril 1789, en qualité de juge civil pour le village de Roissy-en-France lors de la rédaction du cahier de doléances[294].

- Dupuis (Lyon)

Dans l'*Almanach historique du Lyonnais*, il est présenté comme l'un des députés du tiers-état pour le département de l'élection de Lyon dans l'assemblée provinciale du Lyonnais, et « Avocat en parlement & aux Cours de Lyon, Administrateur de l'Hôpital & Conseiller de ville, Propriétaire à Charnay[295] ». Les recherches entreprises n'ont pas permis d'obtenir davantage de précisions sur ce juriste, membre du comité de l'intendant Terray en 1784, puis conseil de l'assemblée provinciale du Lyonnais en 1787. Il avait été nommé à cette fonction par délibération de l'assemblée provinciale en date du 5 décembre 1787[296].

- Lapeyre (Auch)

Cet avocat de Gascogne, outre sa fonction de conseil de l'assemblée provinciale de Gascogne – avec deux autres avocats -, est aussi le syndic d'une des assemblées d'élection créées par la réforme de 1787. On ignore les autres activités qu'il exerce. Mais pour le marquis de Galas, c'est un personnage qui serait la créature de Luppé.

- Ledure (Trois-Évêchés, 1734-)

Cet avocat des Trois-Évêchés, né à Saint-Hubert, avait commencé sa carrière en novembre 1752, date de sa prestation de serment[297]. En 1787, il témoignait donc d'un quart de siècle de pratique du droit au moment de sa nomination comme avocat conseil. Dans l'assemblée provinciale, il avait été intronisé député, pour succéder à Maujean, démissionnaire. Il était aussi le procureur du roi (par commission) de la Monnaie de Metz[298].

Nicolas Ledure habitait rue Pierre-Hardie (ou rue du Heaume en 1788). Sous la monarchie de Juillet, E. Michel, auteur d'une *Biographie du parlement de Metz*, l'évoque comme étant l'« *un des membres distingués du barreau messin* » ; il avait épousé la fille de l'avocat du roi au bailliage de Metz, Vaillant[299]. On sait qu'il était l'auteur d'au moins un factum, dans le cadre de ses plaidoiries.

- Antoine, Barret, Richard (Alsace)

Ces trois avocats entrent dans la chambre des consultations d'Alsace créée en 1784 et y restent jusqu'en 1790. Les informations sont minces pour ce qui les concerne.

- Bourgogne (Nancy)
Charles-François de Bourgogne (1715-1802), issu d'une très ancienne famille de la noblesse (1464), entre dans la chambre des consultations en 1767, prenant la suite de l'avocat Claude-Georges Mathieu de Moulon[300].

- Brocheton (Soissonnais, 1736-1814)

Lors de sa nomination, le procès-verbal de l'assemblée fait de Charles-Fabio Brocheton un avocat et le lieutenant de l'élection de Soissons (juridiction compétente dans le contentieux fiscal). Mais il exerce aussi des fonctions municipales, puisqu'il est échevin de la cité de Soissons (il était né à Soupir, près du Chemin des Dames). Cette triple qualité en fait donc un cumulard, mais comme on l'a vu, il n'est pas le seul. Toutefois, comment fait l'intendant lorsqu'il agit comme conseil dans une affaire fiscale où une communauté d'habitants est concernée ? Doit-il se rétracter ? On sait qu'en Bourgogne le conseil d'avocats de l'intendant avait été suspecté – à raison – de ne pas toujours écarter les conflits d'intérêts[301].

Élu député, il participe au Serment du Jeu de Paume et entre au comité de constitution (1789). En décembre 1790, il participe aux débats sur le statut des juges élus et préconise que certes inamovibles, ils devraient être soumis à un scrutin d'épreuves tous les 6 ans[302].

Sous le Directoire (1796), Brocheton est résident du tribunal civil d'Eure-et-Loir et, sous le Consulat, il est amené à envoyer à la chancellerie des observations sur ses collègues lors de la réorganisation de la magistrature de l'an VIII. Il est juge au tribunal d'appel de Paris (juin 1800) puis conseiller à la Cour impériale de Paris lors de la réforme des cours d'appel (1810)[303].

- Dumesnil ou du Mesnil père et fils (Nancy)
Issu d'une famille de Normandie fixée à Nancy, Antoine-Charles Dumesnil ou du Mesnil est avocat et doyen des substituts de la Chambre des comptes de Nancy (décédé en 1785). Par décision ducale, il est reconnu d'extraction noble (1765-1766). Il entre dans

la chambre des consultations en 1769 et quitte ses fonctions à la Chambre des comptes en 1771 ; il est remplacé à la chambre des consultations par son fils, lui aussi avocat (Charles-François), soit en 1778, soit en 1786[304]. Ce dernier exerce aussi les fonctions de commissaire du prince de Nassau.

- Henry (Nancy)

Jean-François Henry, avocat en 1748, entre dans la chambre en 1786 (ou en 1782, la date exacte n'est pas sûre), prenant la suite de Drouot[305]. Il participe à l'aventure de l'édition du *Répertoire universel et raisonné de jurisprudence*... dirigé par le lorrain Guyot (1728-1816)[306]. Il contribue à cette œuvre monumentale de l'ancien droit (qui fait l'objet de deux éditions sous Louis XVI, puis qui est poursuivie par Merlin de Douai après 1808) par la rédaction d'une vingtaine d'articles.

La chambre royale des consultations de Nancy avait son siège dans l'une des salles du parlement de Lorraine, autrefois Cour souveraine de Lorraine et Barrois (aujourd'hui siège de la cour d'appel).

- Granier, Guillet (Poitou)

Ces deux avocats, désignés en 1787 pour conseiller l'assemblée provinciale du Poitou, ne sont pas très connus. Le 6 décembre 1787, ils avaient été choisis par l'assemblée provinciale du Poitou en ces termes :

> « M. le Président a proposé de nommer trois Avocats, pour former le Conseil indiqué par le Règlement du 4 Novembre dernier, les suffrages se sont réunis en faveur de M. Granier, Giraudeau & Guillet[307] ».

- Ferriol, Marigo (Roussillon)

Joseph Marigo et François Ferriol sont les deux avocats désignés par l'assemblée provinciale du Roussillon. Le premier aurait été le receveur des consignations près le Conseil souverain de

Roussillon[308] ; il était le fils d'un procureur près du Conseil souverain.

Le second est le fils d'un bâtonnier, Jean Ferriol qui avait exercé comme avocat entre 1716 et 1767[309] ; il aurait prêté serment en 1775[310].

- Gautier (Montpellier).

Les recherches n'ont pas permis d'en savoir davantage sur cet avocat servant dans le comité d'avocats de l'intendant du Languedoc, Ballainvilliers.

- Michelant (Nancy)

Nicolas-Henri Michelant est le plus ancien avocat de la chambre : entré en 1750, il y siège toujours quarante ans plus tard ; en 1789, est élu comme commissaire pour rédiger le cahier de doléances de la ville de Nancy[311]. L'année suivante, il est l'un des notables composant le conseil général de Nancy.

- Michon (Nancy)

Pierre-François Michon, avocat, épouse la fille d'un conseiller de la ville de Dole (Claude-Elisabeth André). Deux versions font état de son entrée dans la chambre des consultations : soit il succède à Dordelu en 1779[312], soit il y est nommé en 1762. En mars 1789, il est membre de l'assemblée particulière des communautés et corporations dont l'objet consiste à rédiger le cahier de doléances de la ville de Nancy[313].

- Joseph de Mique (1757-1816, Nancy)

Cet avocat du parlement de Lorraine (reçu en 1776) est membre de la chambre royale des consultations de Nancy au moment de la Révolution française (il y était entré en 1782[314]). Maire de Nancy entre janvier et avril 1814, il reçoit le comte d'Artois, lieutenant-général du royaume à la fin du Premier Empire. Il est préfet de la Meurthe en mai 1814-mars 1815.

- Rouch (Montpellier)

Qualifié « *d'homme de loi* » en 1790, Rouch est élu par les électeurs comme président du tribunal de district de Montpellier, en 1790[315].

Notes du chapitre 4.

[187] C. CHÊNE, *L'enseignement du droit français en pays de droit écrit (1679-1793).* Montpellier, Thèse droit, 1978, t. I, p.617.

[188] Sur cette institution, cf. *Les Syndics Généraux de la province du Languedoc et la justice du Conseil d'État (XVIIe-XVIIIe siècles),* R.-B. Durand, Montpellier, Thèse droit, 2005.

[189] *Discours sur l'origine des municipalités diocésaines du Languedoc, sur leur formation, sur leur nature et sur leur influence dans l'assemblée générale* (pour servir d'introduction au tome IV des *Lois municipales*, etc.), Avignon, 1787, 10-8° ; *Lettre d'un avocat à un publiciste, à l'occasion de la prochaine assemblée des états-généraux du royaume*, Avignon, 1788, in-8°.

[190] Donnadieu, Cours souveraines et Etats de Languedoc (1787-1789), dans J. Poumarède, *Les Parlements de province : pouvoirs, justice et société du XVe au XVIIIe siècle*, 1996, p. 568.

[191] Jean-Baptiste Barthelemy d'Orbanne naît à Grenoble (Isère) en 1736, dans une famille originaire du Trièves. En 1786, il succède à son père comme avocat consistorial et devient l'un des jurisconsultes les plus réputés de la province. Le 4 septembre 1787, il est l'un des vingt-huit députés du Tiers nommés par le Roi pour préparer l'Assemblée provinciale de Vizille. Le 2 juillet 1788, il rédige avec Mounier et Duchesne la lettre dans laquelle les députés dauphinois présentent un plan de reconstitution des Etats provinciaux. Le 9 décembre 1788, il participe à la réunion spontanée des Etats de la province à Romans. Nommé membre de la Commission de rédaction des procès-verbaux. En fait, il est le principal rédacteur de la Constitution des Etats du Dauphiné. Le 2 janvier 1789, il est élu, en son absence et malgré lui, député aux Etats Généraux, il refuse cet honneur. Il décède à Grenoble le 13 décembre 1798. Sur ce personnage, A. du Boys, Notice sur M. Barthélémy d'Orbanne, *Bulletin de l'Académie Delphinale*, 3e série, 1, 1865, p. 408-434.

[192] Stendhal, *Vie de Henri Brulard.* Paris, 1927, p. 66 : « *Le plus célèbre*

consultant de la ville de Parlement, M. Barthélemy d'Orbanne, ami intime de la famille [...] m'apprit à faire des grimaces ».

193 J. Egret, *Le parlement du Dauphiné et les affaires publiques dans la seconde moitié du XVIIIe siècle*. Grenoble, Allier, 1942, t. II, p. 84.

194 Un dossier important, conservé aux Archives nationales, est lacunaire ; il est cité par Jean Egret mais son contenu actuel ne correspond plus aux éléments indiqués en 1942.

195 Les Queyssat sont condamnés à verser d'importants dommages-intérêts : Gaudry, *Histoire du barreau de Paris..., op. cit.* t. II, p. 163-165.

196 A. Young, *Voyages en France en 1787, 1788 et 1789*. Paris, Armand Colin, 1931, t. I, p. 135-136.

197 Feret, *Personnalités et notables…, op. cit.* p. 264-265.

198 Lemay, *Dictionnaire…, op. cit.* p.388-389.

199 J. Hudault, Guy Jean-Baptiste Target et la défense du statut personnel à la fin de l'Ancien Régime. Paris, Thèse de droit, 1970.

200 Paris, PUF, 2007, p. 731-732, notice rédigée par A. Cabanis.

201 Lemay, *Dictionnaire…*, p. 876-877.

202 Protestant, Sirven était accusé par la justice d'avoir fait mourir l'une de ses filles, afin de l'empêcher de se faire catholique. L'affaire, qui déchaîna les passions, incita Voltaire à le soutenir.

203 Lettre d'un homme à un autre homme sur l'extinction de l'ancien parlement et la création du nouveau, 1771.

204 Lemay, *Dictionnaire…*, p.877.

205 10 mars 1785, son discours de réception fut alors prononcé par le duc du Nivernais.

206 Godard à Cortot, 2 juin 1786 : AD Côte-d'Or E 642.

207 C. Chêne, Le contenu et l'accueil de l'«*Édit de tolérance* » de novembre 1787, *Bulletin de la Société de l'Histoire du Protestantisme Français,* vol. 134 (Janvier-Février-Mars 1988), p. 133-139.

208 En date du 14 décembre 1787 : Procès-verbal… p. 343.

209 Godard à Cortot, 27 décembre 1787 : AD Côte-d'Or E 642 ; cité par Huguenin, Correspondance inédite…, *Mémoires de l'académie de Dijon*, 1905, p.89.

210 Dans les années 1770, il appartenait au conseil du comte de Provence, futur Louis XVIII et premier frère cadet de Louis XVI : Poirot, *Le milieu*, t. II, p.95.

[211] R. Caratini, *Dictionnaire des personnages de la Révolution*. Paris, Belfond, 1988, p.516.

[212] S. Solimano, L'établissement de l'ordre juridique napoléonien ; le rôle de Guy Jean-Baptiste Target, dans *Ordre et désordre dans le système napoléonien*, J.-L. Halpérin et Clère (dir.), Paris, 2006, p.205-223.

[213] Target participe à l'élaboration des *Observations du Tribunal de cassation sur le projet de Code civil :* l'adoption, un moment écarté, sera finalement reprise dans le projet définitif de code ; le divorce sera conservé mais réduit à trois cas.

[214] « *Sieur Ranfer que je scavois tres vu des premiers avocats du barreau de Dijon et je l'ai proposé au Roi qui l'a agréé* », le secrétaire d'Etat Saint-Florentin à l'intendant Joly de Fleury, 30 octobre 1757 : AN O[1] 453 fol. 153.

[215] Qui fut, au XIXe siècle, le siège du 8e corps d'armée.

[216] Pour le prix de 35.000 livres : BM Dijon, Ms. 1434 fol. 87 (1757).

[217] BM Dijon, Ms. 2309, p.564.

[218] L'intendant de Bourgogne au maire d'Autun, Roux, en juillet 1788 : AD Saône-et-Loire, C 46 n. 6.

[219] En 1786, il se porte acquéreur d'un quart des verreries pour la somme de 500 000 livres.

[220] Lemay, *Dictionnaire*..., *op. cit.* p.820-822.

[221] Procureur-syndic du district de Colmar, député du tiers pour le bailliage de Colmar et de Sélestat, député du Haut Rhin à la Convention, député du Haut Rhin au conseil des Cinq Cents, député de la Seine au conseil des Anciens, député du Haut Rhin au Corps législatif.

[222] Lemay, *Dictionnaire... op. cit.* p.8-9.

[223] J. Bart, *La Révolution française en Bourgogne*. Clermont, La Française d'Imprimerie, 1996.

[224] A. Tardieu, *Grand dictionnaire biographique du Puy-de-Dôme*. Moulins, 1878, v° Bergier.

[225] Leuwers, *L'invention*..., op. cit. p. 280.

[226] D. Ligou, Conventionnels du Puy-de-Dôme et franc-maçonnerie, dans *Gilbert Romme (1750-1795) et son temps*, Actes du colloque tenu à Riom et Clermont, les 10 et 11 juin 1965. Clermont, 1966 ; ainsi que P.-Y. Beaurepaire, *Les francs-maçons à l'Orient de Clermont-Ferrand au XVIIIe siècle*. Publications de l'institut d'études du Massif central, vol. 41, 1991. Couthon appartient à la loge Saint-Maurice, ses deux confrères à celle de

Saint-Michel.

[227] Belloy est un fief situé dans l'actuel département de la Somme. Une partie des renseignements relatifs aux avocats de Picardie sont dus à notre collègue Anne-Sophie Condette-Marcant, que nous remercions.

[228] Procès-verbal des séances de l'assemblée provinciale de Picardie. Amiens, Caron, 1788, p. 277, 17 décembre 1787.

[229] Gaudry, *Histoire du barreau…*, *op. cit.*, t. II, p.204.

[230] *Souvenirs de Berryer…*, *op. cit.*, t.1, p.45.

[231] *Mémoires secrets de J.-M. Augeard.* Paris, Plon, 1866, pp. 123, 126, 230.

[232] Poirot, *Le milieu…*, *op. cit.,* t. I, p. 31.

[233] Sédillot, *De l'intendance…*, op. cit. p. 194.

[234] Procès-verbal…, op. cit., p. 336.

[235] R. Villers, *L'organisation du Parlement* **de** *Paris et des Conseils supérieurs d'après la réforme de Maupeou (1771-1774).* Paris, Thèse droit, 1937.

[236] Londres, 1774, t. I, p. 220-221.

[237] De trois mille francs, au titre de ses services comme président au Conseil supérieur : *État nominatif des pensions sur le trésor royal.* Paris, 1789, Imprimerie nationale, volume 1, p. 244.

[238] Louis Abel Beffroy de Reygny, *Dictionnaire néologique des hommes et des choses ou notice alphabétique des évènements…* Hambourg, 1803, t. III, p. 208.

[239] *Procès-verbal des séances de l'assemblée provinciale d'Auvergne, tenue à Clermont-Ferrand.* Clermont, Delcros, 1787, p.104 (13 novembre 1787).

[240] Il habite alors rue des Cloutiers, n° 1105 : Tableau des avocats au parlement de Metz, 1778.

[241] *Almanach des Trois Évêchés*, 1788, p. 117.

[242] *Almanach du département de la Moselle*, 1791, p.128.

[243] E. Michel, *Biographie du parlement de Metz.* Metz, Nouvian, 1855, p.114.

[244] Claude Delaunay s'était fait recevoir avocat au présidial d'Angers, en mai 1723 : R. Robert, *Recueil des privilèges de la ville et mairie d'Angers.* Angers, Barrière, 1748, p. 1225.

[245] G. Guerder, *Les avocats d'Angers au XVIIIe siècle.* Angers, mémoire de maîtrise d'histoire, 1999, p. 225.

[246] S. Baudens, De la province à la nation. Débats sur la constitution des états provinciaux à la veille de la Révolution : le cas de l'Anjou, *Annales historiques de la Révolution française*, 2012, p. 85-109.

247 Lemay, *Dictionnaire des législateurs, 1791-1792*. Paris, 2007, t. I, p. 208-210.

248 F. Bluche, *Danton*. Paris, Perrin, 1999.

249 R. Caratini, *Dictionnaire des personnages de la Révolution*. Paris, Belfond, 1988, p.221-222.

250 Archives Tricou, 844. Son portrait serait conservé au musée des hospices.

251 *Almanach civil, politique et littéraire de Lyon et du département de Rhône*. Lyon, La Roche, 1787, p.173.

252 *Biographie universelle, par une société de gens de lettres*. Paris, Furne, 1833, t. II, p. 836. Son portrait serait conservé au musée des hospices. Archives Tricou, 844.

253 T. Beaulieu, *Histoire de Lyon : depuis les Gaulois jusqu'à nos jours, ornée de vignettes*. Lyon, 1837, Baron, p. 425.

254 A. Portallier, *Tableau général des victimes, martyrs de la Révolution, en Lyonnais, Forez et Beaujolais : spécialement sous le régime de la Terreur (1793-1794)*. Saint-Étienne, Tifolier, 1911, p.130.

255 Musset, *op. cit.* p. 51.

256 AD Calvados, 1 J 187 : tableau des membres de la loge, pour 1772 et 1785.

257 Carel, *Etude historique…*, *op. cit.* p. 191.

258 P. Laffortigue, *Histoire de la ville d'Auch depuis les Romains jusqu'en 1789*. Auch, Brun, 1851.

259 E. Feret, *Personnalités et notables girondins, de l'Antiquité à la fin du XIXe siècle*. Féret, 2010, p. 223.

260 Armand-Joseph Duranteau, 1778-1840, bâtonnier de l'ordre en 1823-1824 : A. Deskas, *Dictionnaire des rues de Bordeaux*. Sud-Ouest, 2008, p. 253.

261 M. Figeac, *Destins de la noblesse bordelaise (1770-1830)*. Fédération historique du Sud-Ouest, 1996, t. II, p. 526.

262 AD Auch, C 371.

263 P. Bourdin, Jean-François Gaulthier de Biauzat, Hortensius ou nouveau Robespierre ? *Annales Historiques de la Révolution Française*, 1997, n° 307, p. 34-35.

264 A. Dantes, *Dictionnaire biographique et bibliographique, alphabétique et méthodique des hommes les plus remarquables*. Paris, Boyer, 1875, p. 373.

[265] *Bulletins et mémoires de la Société des Antiquaires de l'Ouest*, Poitiers, Fradet, 1843, Volume 3, p.175.

[266] *Almanach...*, p.472.

[267] Cf. D. Roche, Le siècle des lumières en province (*Académies* et Académiciens provinciaux, 1680-1789). Paris, Fayard,

[268] F. Bayard, Vivre à Lyon sous l'Ancien Régime. Paris, Perrin, 1997, p. 289 : « *l'abbé Jacquet, qui passe pour être le conseil des ouvriers en soie* ».

[269] Portallier, *Tableau général...*, p. 230. Boulard a été condamné à mort et guillotiné le 29 novembre 1793.

[270] AD Calvados, 1 J 187 (juin 1785). Le Paulmier y est présenté comme étant un « *Ancien Vénérable* ».

[271] Carel, *Etude historique...*, *op. cit.* p. 202-203.

[272] 11 novembre 1774 : Carel, *Etude historique...*, *op. cit.* p.66.

[273] L'avocat Lepage prendrait sa relève. Or Carel indique qu'il était en exercice en 1732 (*Etude historique...*, *op. cit.* p. 197). Soit il s'agit d'une erreur de date, soit il n'exerçait plus 56 ans après cette date parfois citée.

[274] Carel, *Etude historique...*, *op. cit.* p. 207. On sait que le juge doyen du présidial d'Alençon portait le même nom.

[275] Son père et son grand-père sont présentés comme lieutenants-généraux de l'élection de Brive (Corrèze) : J. Valette et J. Cavignac, *Grands notables du Premier Empire*, t. 13 (Gironde). Editions du CNRS, 1986, p. 72-73.

[276] Feret, *Personnalités...*, *op. cit.* p. 435-436.

[277] AD Gironde, C 152 (dépouillement effectué sur place).

[278] Le comte Jaubert appartient aussi au Conseil des affaires contentieuses de la Couronne, placé auprès de Napoléon pour le conseiller dans la gestion des affaires patrimoniales de l'empereur : S. Evrard, *L'or de Napoléon. Sa stratégie patrimoniale (1806-1814).* Paris, L'Harmattan, 2014.

[279] Deskas, *Dictionnaire...*, *op. cit.*

[280] *Livre d'or de la Gironde.* Bordeaux, 1882, p. 358.

[281] Le cumul de la charge de substitut avec celle d'avocat était exceptionnellement autorisé dans certaines cours (Dijon, Metz, Nancy) et interdites toutefois dans d'autres (Paris, Besançon). L'édit de 1586 sur les fonctions de substituts disposait : « *sans qu'ils puissent playder, consulter ny manier affaires d'autruy* ». Les substituts dijonnais reçurent en 1632, par une déclaration, le droit de plaider et de consulter « *hors dans les causes ou le Roy*

aura interrest » : AD Côte-d'Or, B 12.148 n° 61.

[282] Dont un exemplaire manuscrit est conservé à la bibliothèque de la faculté de droit de Paris.

[283] Sédilot, *De l'intendance…*, *op. cit.*. p 130-131.

[284] Il était seigneur de la Mairie, d'Etouvy, Offémont.

[285] AD Somme, C 1546, liasse ; Sédillot, *De l'intendance…*, *op. cit.* p. 130.

[286] AD Somme, B 1120 et 1122.

[287] Nous remercions MM. Gasnier et Gazon, des archives départementales de Maine-et-Loire, pour ces renseignements.

[288] B. Baumier, *Tours, entre Lumières et Révolution. Pouvoir municipal et métamorphoses d'une ville (1764-1792)*. Presses universitaires de Rennes, 2015, p.279 note 77.

[289] Sa fille, somptueusement dotée, épouse un conseiller au parlement.

[290] Auteurs, l'un d'un *Dictionnaire de droit et de pratique* ; l'autre, d'une *Collection de décisions nouvelles*. Réflexions d'un militaire, p. 15.

[291] *Almanach royal* pour 1788, p. 107.

[292] Il avait été son procureur fiscal de 1759 à 1771, avant de devenir son bailli après cette date : Poirot, *Le milieu…*, *op. cit.*, t. I, p. 70.

[293] Ce sont les justices de Rozoy-en-Brie, Bagneux, Fontenay-aux-Roses, Rungis, Orly, Sucy-en-Brie, Viry en Vermandois.

[294] *Archives parlementaires*, Paris, Librairie administrative, 1879, 1ere série, t.5.

[295] *Almanach astronomique et historique de la ville de Lyon et des provinces du Lyonnais*. Lyon, de La Roche, 1788, p. 314.

[296] *Procès-verbal des séances de la première assemblée provinciale de la généralité de Lyon*. Lyon, La Roche, 1787, p. 120.

[297] « Tableau des avocats au parlement de Metz », 1778 : AD Moselle, B 513.

[298] Almanach des Trois Évêchés, 1788, p.116 et 140.

[299] Michel, *Biographie…*, *op. cit.*, p.299.

[300] A. de Mahuet, *Biographie de la Cour souveraine de Lorraine et Barrois*. Nancy, 1911, p. 161.

[301] Comme on l'a démontré dans notre article « L'intendant de Bourgogne Amelot, ses jurisconsultes et son comité contentieux : mieux éclairer l'Administration au profit des administrés (1784-1790) », *Actes du Colloque de Dijon, 4 novembre 2005, Moderniser l'Administration en Bourgogne*

dans les trois derniers siècles de l'Ancien Régime, Dijon, *Annales de Bourgogne*, 2008, t. 79, p. 125-157.

302 Lemay, *Dictionnaire…*, *op. cit.* p.153.

303 Lemay, *Dictionnaire…*, *op. cit.* p.153.

304 Mahuet, *Biographie de la Cour souveraine…*, *op. cit.*, p. 82-83.

305 Mahuet, *Biographie de la Cour souveraine…*, *op. cit.*, p. 117. Il avait épousé Anne-Lucie-Marguerite Guillemard.

306 Cf. notre ouvrage en cours, *Les Lumières, le droit et le livre. La correspondance de Guyot avec Merlin de Douai (1776-1788).*

307 *Procès-verbal des séances de l'Assemblée provinciale du Poitou, tenue à Poitiers…* Poitiers, Barbier, 1788, p. 231.

308 AD Pyrénées-Orientales, L 1132. Nous remercions madame la directrice des Archives départementales de cette information.

309 AD Pyrénées-Orientales, 2 B 104 et 108.

310 AD Pyrénées-Orientales, 2 B 104.

311 Mahuet, *Biographie de la Cour souveraine…*, *op. cit.*, p. 168. En 1733, il obtient une dispense de résidence pour passer ses examens de droit à Pont-à-Mousson.

312 Mahuet, *Biographie de la Cour souveraine…*, *op. cit.*, p. 72. Claude Dordelu, noble, avait été reçu avocat en 1719 ; en 1750, il rejoint la Chambre des consultations en qualité de président et devient aussi bâtonnier de l'ordre des avocats.

313 Mahuet, *Biographie de la Cour souveraine…*, *op. cit.*, p. 169.

314 Mahuet, *Biographie de la Cour souveraine…*, *op. cit.*, p. 170.

315 Il recueille 139 voix sur 203 votants : J. Vecier, *La Justice criminelle dans le département de l'Hérault pendant la Révolution*. Paris, Causse, Graille et Castelnau, 1925, p. 209.

Chapitre 5

Les critiques de la réforme de 1787 par les avocats

Depuis quelques années déjà, les relations entre les barreaux et les juges judiciaires ont tendance à tourner à l'aigre : les premiers reprochent aux seconds leur morgue, leur esprit de corps, leur conservatisme outré et leur nullité[316]. Quant aux seconds, ils considèrent qu'ils incarnent l'autorité, la légitimité du pouvoir et le maintien de la tradition dû au corps séculaire de l'État qu'est la magistrature.

Plusieurs éléments majeurs les séparent : les avocats sont indépendants ; ils disposent d'une voix libre lorsqu'ils plaident – sans aller jusqu'aux excès, auquel cas ils peuvent faire l'objet d'une réprimande judiciaire - dans les affaires judiciaires où ils défendent leurs clients, les avocats sont passés maîtres dans l'art de médiatiser les litiges et de présenter leurs clientèles comme des victimes de la justice royale. Cela évidemment sert leur notoriété et contribue à élargir davantage encore le fossé qui existe entre eux et les juges. Enfin, les avocats sont très actifs dans le monde de l'édition juridique, tandis que les officiers y sont souvent absents[317], hormis les exceptions que sont Jousse et Pothier. Dans l'un des textes les plus connus du droit français, publié en 1775 dans sa première édition dirigée par Guyot, le *Répertoire universel et raisonné de jurisprudence*, on trouve une écrasante majorité d'auteurs avocats, mais fort peu d'officiers[318]. Aussi les avocats sont-ils surreprésentés dans la production des écrits juridiques et dans les ouvrages concourant à la formation des juristes[319]. Mais encore, dans la bibliothèque des avocats, les ouvrages dits de jurisprudence sont très présents et cela reflète l'importance qu'ils accordent au savoir juridique, à l'instruction, au livre imprimé. Justement, ces bibliothèques sont au cœur de la mystique de l'avocat : elles représentent sa science et sa capacité à délivrer de bons et judicieux conseils. Aussi est-elle disposée au milieu du cabinet et elle doit être bien visible pour impressionner la clientèle. En moyenne, chaque avocat au parlement de Paris dispose de 897 livres, soit le triple de la richesse des bibliothèques des ménages de cette époque[320]. En Bourgogne, on connaît la belle bibliothèque de l'ancien doyen Delamotte, riche de 574 ouvrages et évaluée à 3 900 livres (1786)[321]. Ce qui est frappant, c'est que les avocats étaient bien mieux pourvus en ouvrages de droit que ne l'étaient les magistrats de leur époque, plus préoccupés de belles-lettres et de science[322]. Cela accrédite l'idée que la science du droit s'est réfugiée au barreau.

À plusieurs reprises, lorsque les pouvoirs publics s'efforcent de retoucher le système judiciaire, les avocats, en majeure partie s'y opposent et s'efforcent de présenter un front uni contre ces réformes : ainsi pour la réforme Maupeou (1771-1774), puis celle de Lamoignon (1788)[323]. Nombre d'avocats témoignent ainsi de leur solidarité avec les officiers de la haute robe stigmatisés par l'autorité royale. À Paris, l'avocat Le Paige - très contesté par ses outrances pro-parlementaires - joue un rôle éminent dans cette contestation[324].

C'est surtout dans la première de ces réformes judiciaires que les barreaux sont divisés : là, les officiers des parlements se mettent en grève et le chancelier Maupeou prend une mesure d'autorité : il remplace les parlements en leur substituant des commissaires nommés par le gouvernement ; dans le gigantesque ressort du parlement de Paris apparaissent plusieurs conseils supérieurs à Arras, Blois, Chalons, Clermont, Lyon, Poitiers (février 1771)[325]. Pour remplacer les officiers réputés démissionnaires – et auxquels le gouvernement rembourse le prix de leurs charges -, on invite des avocats à devenir des juges au statut de commissaires. Certes leur statut théorique est précaire – puisque le commissaire est révocable *ad nutum* – mais les impétrants n'ont pas d'office coûteux à acquérir et leurs émoluments sont sans commune mesure avec les revenus des ex-officiers : désormais, l'État offre des traitements décents à ses hauts magistrats : de 2 à 6.000 livres, là où la moyenne oscillait autrefois entre 800 et 1600 livres. S'ouvre un épisode où des avocats de talent (tel le criminaliste Muyart de Vouglans, ou son confrère Gin) siègent sur les fleurs de lys, tandis que des officiers discrédités sont renvoyés dans leurs foyers. Cependant, le barreau parisien entame une grève que le chancelier va tenter de tempérer et se scinde en deux groupes : ceux qui acceptent la réforme, et ceux qui la rejettent et renoncent à plaider. Dans le camp des partisans de Maupeou on trouve une bonne moitié des avocats inscrits (262), ainsi que les ténors Gerbier (qui refuse cependant le poste envié d'avocat-général que lui proposait le chancelier[326]), Linguet, Target (qui change cependant d'avis), Tronchet. Mais ce ralliement d'une partie des avocats suscite l'ire d'une partie de la bourgeoisie : le libraire Hardy critique l'attitude de Linguet autrefois réputé pour être l'une des plus belles voix du barreau. Il écrit qu'en agissant ainsi, il s'est enfoncé « pour ainsi dire dans la fange èt dans la boue, en prostituant son éloquence devant des juges qui n'en avaient que le nom[327] ».

Lorsque Louis XVI revient au *statut quo ante* à la mort de son grand-père (mai 1774), les avocats ayant plaidé lors de la réforme Maupeou sont montrés du doigt : le barreau du parlement de Paris (et nombre d'autres, comme celui de Rouen) restera très divisé jusqu'en 1789. La monarchie doit alors, pour éviter une chasse aux sorcières – certains de ses membres exigeaient une épuration du barreau, notamment l'exclusion des 28 qui avaient rallié le parlement honni en 1771 -, placer des avocats qui avaient plaidé au parlement Maupeou au Grand Conseil, tel Muyart de Vouglans, ainsi que sept autres de ses confrères (1774). La même année, l'ordre des avocats au parlement de Paris connait une nette décrue, passant de 531 à 489[328].

Mais les mentalités du barreau évoluent : après avoir, un temps, partagé les sentiments des magistrats des parlements, les avocats se rendent rapidement compte qu'ils ne peuvent cautionner l'ancien ordre des choses : privilèges fiscaux, rentes des offices, pensions sur l'État, recrutements privilégiés dans la noblesse au sein des forces armées et du haut clergé... Déjà, Gerbier, en 1787 lors de l'assemblée des Notables, avait proposé la fin des privilèges fiscaux. La situation est devenue plus difficile avec deux mouvements politiques : l'un relève des agitations parlementaires : les années 1787-1788 sont celles d'une instabilité politique marquée que J. Egret – après Cambacérès - a surnommée « *la pré révolution française* ». Les efforts du gouvernement pour combler le déficit sont illusoires, tant que l'on ne parvient pas à retrancher les dépenses inutiles d'un côté et accroître les impôts de l'autre côté[329]. Le parlement de Paris, en effet, s'oppose à l'un et l'autre et cherche avant tout à se faire reconnaître comme l'un des contre-pouvoirs de l'absolutisme par son droit de remontrance. Il avance la théorie des classes, réclame qu'il soit compétent pour le consentement à l'impôt et revendique la séparation des pouvoirs, trois positions insupportables pour la monarchie faible de Louis XVI. Aussi, quand la réforme des assemblées provinciales débarque dans l'actualité, celle-ci est déjà chargée des heurts entre parlements et monarchie : à Pau, à Besançon, à Grenoble, à Rennes, à Paris, les manifestations de rue dégénèrent en violences urbaines. Mais les avocats – et ceux de la basoche, très actifs, notamment à Rennes où s'illustre le futur général Moreau, alors étudiant en droit – sont souvent attentifs : ils craignent d'être manipulés par les parlementaires et d'offrir ainsi une sorte de piédestal à leurs revendications d'ordre[330].

C'est entre 1787 et 1788 que la césure profonde se produit : les avocats ont enfin compris que les parlements ne souhaitent rien d'autre que le maintien de la trinité sociale, dans laquelle ils joueraient le beau rôle au détriment des avocats, qu'ils méprisent ouvertement[7]. Ceux-ci vont alors jouer leur propre partition et

[7] Lorsque Louis XVI double les députés du tiers-état lors de la future session des états-généraux, certains parlements (dont celui de Paris, le 25 septembre 1788) contestent cette mesure : les avocats comprennent alors qu'ils n'ont rien à gagner à soutenir la cause des parlements.

abandonner la cause parlementaire pour promouvoir l'avenir : un personnage unique, une bourgeoisie à talents et la fin des privilèges fiscaux. Gerbier semble avoir posé un pas lors de l'Assemblée des notables : il y propose l'égalité fiscale, ce qui suscite des sarcasmes dans les rangs de la noblesse présente. Or, cette valeur restait répandue dans le milieu des avocats, inquiets de la morgue des magistrats propriétaires de leurs charges.

Aussi le gouvernement recourt-il aux symboles du pouvoir, tel que le Lit de justice (cérémonie solennelle par laquelle le chef de l'État reprend la délégation de justice qu'il avait confiée aux magistrats pour rendre la justice soi-même). Mais cette institution, répétée sans cesse, a perdu de son lustre et l'autorité royale s'est altérée en revenant sur chacune des réformes judiciaires qu'elle a construites (d'autant qu'en 1787, le duc d'Orléans se présente comme l'un des opposants à l'autorité de son royal cousin). Dans ces circonstances, les coups de force entre le gouvernement et le parlement de Paris ne débouchent sur rien, sauf à susciter l'appétit du public devant ce conflit de géants qui se déroule sous ses yeux. Pour certains la réforme Lamoignon mise en place en mai 1788 allait certes dans le bon sens, mais elle était victime de l'irrésolution de l'État et de la valse des ministres qui se succédaient les uns après les autres[331]. Instabilité et contestation du pouvoir allaient de pair, même si la monarchie faisait preuve d'une certaine lucidité. En avril 1788, Louis XVI mettait en garde contre un gouvernement des juges :

> « Si la pluralité de mes cours forçait ma volonté, la monarchie ne serait plus qu'une aristocratie de magistrats aussi contraire aux droits et aux intérêts de la Nation qu'à ceux de la souveraineté » (réponse du roi le 17 avril, aux remontrances du parlement de Paris).

Les avocats sont divisés en deux blocs : les conservateurs d'un côté (1), les patriotes de l'autre (2). On peut regretter que l'historiographie traditionnelle n'ait pas retenu cet épisode et ne nous fournisse guère de détails sur ces années difficiles.

1. Les barreaux qui admettent la réforme

La plupart des barreaux ont laissé faire la réforme des assemblées provinciales. Il est vrai que nombre d'entre eux y participaient et y ont joué un rôle intéressant, sinon majeur, ainsi pour Thouret dans celle de Haute-Normandie, Barnave en Dauphiné, …

Il faut également tenir compte de la taille et des effectifs des barreaux : les grands (Paris, et généralement les villes abritant d'importantes juridictions, telle que Dijon avec ses 130 avocats) écrasent littéralement, par leurs poids, les petits. Ainsi, à Auch en Gascogne, la réaction du barreau à la désignation de trois de ses membres ne semble pas avoir suscité de remous au sein de l'ordre[332]. Toutefois, un député de la noblesse – le marquis de Galard-Magnas – émet de vives critiques sur la qualité des trois avocats désignés par le président de l'assemblée, l'archevêque La Tour du Pin[333] :

> « On a tout terminé par une opération qui a excité un scandale général. Par un article du règlement envoyé du ministère, il était porté que l'assemblée élirait trois avocats pour être les consultants de l'administration et des communautés qui voudraient se faire autoriser à plaider. On a fait ce choix sur la proposition de l'Archevêque, qui désigna M. Despiau, qui est de l'Assemblée provinciale, Lapeyre qui est syndic de l'Assemblée d'élection, et un certain Bonhomme. Je ne dirai rien du premier, et pour cause, mais le second est un personnage tombé à plat au barreau, sans emploi dans sa profession et qui n'a pour moyens d'existence que l'intrigue et la bassesse.
>
> C'est la créature de MM. de Luppé, vis-à-vis de qui, comme vis-à-vis de beaucoup d'autres, il remplit des emplois, même humiliants, pour se rendre agréable. Le troisième est un Rouergas, venu de Millau ici en dernier lieu, et qui s'est estimé très heureux d'obtenir un emploi de scribe dans l'administration. Jugez par-là de ses talents pour la profession. Tels sont néanmoins les flambeaux qui doivent éclairer la province. Accoutumé à donner l'Esprit saint à ses prêtres, M. l'Archevêque a pensé que sa divine influence opérerait sans doute sur ces hommes-là[334] ».

Aussi l'influence des notables y est-elle plus forte que dans les barreaux plus forts en effectifs : ici encore, se pose la légitimité du choix des juristes appelés à assurer le monopole de consultation auprès des assemblées provinciales.

Dans le bailliage de Bar-le-Duc, petit tribunal du duché de Bar composé d'à peine neuf magistrats, le lieutenant-général civil et criminel Gossin - par ailleurs membre *in partibus* de la chambre royale des consultations de Colmar – préconise au garde des sceaux de transformer ce tribunal en grand-bailliage (18 mai 1788). Il argue de sa position stratégique, et du fait que Bar est une ville, tandis que Mirecourt - qui tient alors la corde pour un grand-bailliage - n'est qu'un bourg.

2. Les barreaux opposés à la réforme

Cet aspect d'un barreau français profondément divisé se rencontre bien dans les ouvrages qui lui sont consacrés. Toutefois, les causes que nous évoquons y sont absentes : il est vrai que la réforme de 1787 est presque passée inaperçue ; pour nombre d'auteurs, elle aurait été éphémère sans rien apporter à l'histoire et à l'évolution du temps. Mais rien n'est plus inexact : institutions nouvelles, émergence d'un personnel nouveau, pratique originale du pouvoir : ces trois éléments incitent à faire la part des choses car ils se feront un chemin peu après. Et la division des esprits est latente ; selon les termes de Godard, il existait alors dans le royaume trois partis : « *celui des royalistes, celui des parlementaires et celui des nationaux. Ces deux derniers font cause commune*[335] » (mai 1788).

Parmi les critiques adressées par les barreaux aux autorités, il faut mentionner d'abord celle de l'indépendance écornée de l'avocat : dépendant de l'Administration, il ne serait plus libre dans la préparation de ses conseils. Ainsi en Bourgogne, l'avocat Millot fait-il l'objet de poursuites disciplinaires lancées par le parlement, qui lui reproche sa dépendance à ses fonctions administratives comme étant le subdélégué de l'intendant Amelot. Or, depuis 1632, une déclaration du roi autorisait de tels cumuls en Bourgogne[336]. Millot est, par décision du parlement de Bourgogne, suspendu de ses fonctions d'avocat et de subdélégué (janvier-juillet 1789). L'intendant Amelot le défendra alors auprès du Conseil du roi, avec succès d'ailleurs : un huissier de la chaîne [8] fera spécialement le voyage de Paris à Dijon pour mettre à exécution cette décision et biffer ainsi la décision attaquée des registres du parlement. Cela dénote la division du barreau dijonnais : Cortot, alors inspecteur de la librairie, se montre remonté contre l'agitation de l'époque et tance son neveu, Godard, qui lui est plutôt exalté contre le gouvernement[337]. Mais le barreau dijonnais est plutôt favorable au parlement : celui-ci dispose d'une influence éminente dans une ville où la magistrature possède un rôle économique et social important ; elle occupe plusieurs centaines d'emplois directs - et des milliers indirects. En dépit de l'interdiction qui lui est faite de se réunir par le commandant en chef (La Tour du Pin-Gouvernet)[338], le barreau passe outre et adopte une protestation (29 mai) qui contient deux éléments majeurs : l'un est une renonciation solennelle d'avocats à postuler dans les nouvelles juridictions créées par la réforme Lamoignon ; l'autre consiste dans la grève des plaidoiries lancée par les avocats dijonnais.

Aussi Cortot dépêche-t-il une délégation de quatre avocats, destinée à visiter courtoisement le premier président du parlement de Bourgogne, lui présenter la protestation du barreau et lui assurer ainsi son soutien (13 juin). Cette attitude vaut au barreau une convocation à Versailles : le garde des sceaux convoque les trois visiteurs du premier président (29 juin) :

> « Le Roi, Monsieur, me charge de vous mander que son intention est que vous vous rendiez à Versailles.
>
> Vous aurez agréable de partir aussitôt la présente reçue.
>
> Je suis, Monsieur, bien véritablement à vous
>
> Lamoignon[339] ».

---

[8] Avant la Révolution française, l'huissier à la chaîne était attaché au Conseil du roi et à la Grande chancellerie : il portait cette appellation en raison de la chaîne en or qu'il portait autour du cou.

Les avocats bourguignons quittent alors Dijon pour Versailles *via* Paris (4-6 juillet 1788). Par le truchement de Godard, ils y rencontrent Target qui les engagent à ne pas s'incliner devant Lamoignon – ils ne suivront toutefois pas ce conseil d'affrontement et, lors de l'entrevue qu'ils ont peu après avec le garde des sceaux, l'explication - modérée - des avocats est bien reçue par le ministre, qui les autorise à retourner à Dijon (2 août). En revanche, pour Godard, leur caractère accommodant est étonnant et tranche sur le caractère plus « *viril* » des avocats parisiens : pour lui, ces avocats dijonnais sont « *d'une mollesse telle, que je n'ai pas osé insister pour qu'ils adressent au Garde des sceaux la lettre* [de fermeté que préconisait Target] *dont je vous ai parlé* ». Néanmoins, ils sont conviés à un grand repas où se côtoient Target, Dupaty, de Sèze (11 août).

En revanche, les barreaux de Bourg et de Chalon-sur-Saône, où deux grands-bailliages doivent être créées[340], ne se laissent pas impressionner : là, les juristes ont tout intérêt à accepter la réforme et n'admettent pas l'oukase du barreau de Dijon ; ils rejettent donc l'espèce d'ascendant moral que prétend assurer le parlement. Cela suscite l'ire de l'avocat parisien Godard : « *Comment se fait-il que sur trois grands bailliages dans votre ressort, deux aient enregistré ? Les voilà déshonorés à jamais et certainement sans profit*[341] ». Cette situation politique duale trouve un écho identique en Guyenne, où le parlement de Bordeaux est très remonté contre la réforme. Néanmoins, trois barreaux situés dans le ressort de cette dernière cour – ceux de Condom, Dax et Périgueux, où trois grands-bailliages doivent être créés – refusent d'être solidaires des parlementaires bordelais. Ils estiment que la réforme leur offre des opportunités d'avenir qu'il ne faut pas mettre de côté[342]. Dans l'ouest, le présidial du Mans accepte, lui aussi, d'être érigé en grand-bailliage[343].

Seconde critique – et non des moindres – celle du monopole de consultation conféré à quelques jurisconsultes, ce qui priverait de toute clientèle leurs collègues extérieurs aux comités ou conseils.

L'avocat et le justiciable seraient privés de la liberté de conseil. Or, c'est cette liberté qui fait la dignité même de l'avocat. Cette disposition, qui résulte de l'application de l'article 10 des lettres interprétatives de septembre 1787, n'est pas sans poser problème : elle oblige en effet les communautés à se satisfaire d'une seule consultation émanant de plusieurs avocats placés sous la protection des intendants, rémunérés par ses soins et par ceux de l'assemblée provinciale. Comment admettre la légitimité de conseils qui n'ont pas été choisis par les communautés, mais par l'autorité administrative ? Cela ne risque-t-il pas de susciter des conflits d'intérêt ? cette éventualité n'est pas seulement théorique : en Bourgogne, le conseil de l'intendant Amelot est plus d'une dizaine de fois concerné. Elle s'appuie sur la possibilité qu'un avocat conseil participe à la procédure, quand bien même il aurait déjà été consulté par l'une des parties. N'userait-il pas de son entregent pour défendre son client et suggérer une décision conforme aux vœux de la partie qu'il représente ? Aussi peut-on s'interroger sur sa neutralité, puisqu'il pourrait être à la fois *juge* et *partie.* Cette circonstance – qui apparaîtrait aujourd'hui bien scandaleuse – survient dans 8% des affaires examinées par le conseil de l'intendant de Bourgogne (trente-six fois sur les 427 litiges examinés par le comité). Et lorsque les plaideurs l'apprennent, ils peuvent décider de se pourvoir contre la décision de l'intendant qui leur donnerait tort. C'est ainsi que, à Dijon, dans une affaire ou l'intendant a rejeté une demande en autorisation de plaider, la partie qui a succombé forme un pourvoi auprès du Conseil du roi. Selon elle, le conflit d'intérêt a souillé la décision de première instance (d'autant plus que quatre des cinq jurisconsultes du conseil d'Amelot étaient les conseils des parties) ; elle encourt donc la cassation[344]. Ce faisant, le Conseil du roi, contre toute attente, confirme la décision de l'intendant de Bourgogne et rejette le pourvoi[345].

En revanche, en Picardie, l'intendant d'Agay est défavorable à la cause d'un de ses avocats conseils, lorsque la commune de Belloy

(Somme, fief de cet avocat) réclame une reconstruction du presbytère qui lui déplaît. Après s'être pourvu au Conseil du roi contre l'ordonnance de l'intendant, Boistel est débouté de sa requête (1785)[346].

Troisième critique, l'honoraire qui doit être librement négocié entre l'avocat et son client, est maintenant fixé à titre de forfait par la réforme. L'avocat perd ainsi l'un des éléments de sa profession et ne peut les négocier : ses honoraires lui sont désormais imposés. C'est un changement radical et une certaine perte d'autonomie qui touchent le statut ancestral de l'avocat. Et ce forfait est fixé à des montants plutôt modestes : comment croire que l'avocat se consacrera corps et âme à la partie qu'il doit défendre ?

Quatrième reproche, l'énorme travail conféré à quelques-uns, qui risque d'aboutir à des consultations bâclées et débitées industriellement. En effet, le nombre de plaideurs qui pourraient solliciter des consultations dépend du nombre de communautés d'habitants : or, leur nombre est potentiellement très élevé et c'est justement ce qui motivait la fixation du nombre d'avocats au regard du nombre des communautés qu'ils devaient servir. Pour la seule Bourgogne, le chiffre avancé par l'intendant Amelot (créateur du conseil d'avocats dans sa généralité) est de 2.400.

Dans les Trois-Évêchés, ce n'est pas l'intendance qui réagit violemment (elle pourrait logiquement le faire pour contrer sa dépossession de l'instruction des demandes en autorisation de plaider qui émanent des communautés), mais l'ordre des avocats. On sait ainsi que les deux membres qui avaient été désignés pour siéger au sein du conseil d'avocats – Ledure et Cunin – sont contraints à la démission quelques mois seulement après leur entrée en fonction – si tant est qu'ils l'aient été. En effet, ces deux jurisconsultes indiquent que devant la « *fermentation* » de leur ordre due à leur nomination au conseil, ils sont contraints de démissionner – ce qui est entériné par procès-verbal du 11 mars 1788[347]. Mais pourquoi l'ordre a-t-il réagi ainsi et acculé deux de ses confrères à la démission ? D'après les archives, la raison officielle serait sociale : il serait « *déshonorant de travailler avec la Commission intermédiaire*[348] ». Ne faut-il pas plutôt y voir, comme en Alsace, un motif plus sérieux de jalousie professionnelle, quoique le traitement alloué par l'assemblée provinciale aux membres de son conseil soit maigre ? Le monopole de consultation reconnu à une poignée d'avocats aurait pour effet de ruiner les collègues que consultaient autrefois les communautés. Plusieurs centaines de consultations – au moins – seraient ainsi captées par les seuls conseils des assemblées. Dès lors, mis en place le 21 novembre 1787, le conseil des Trois-Évêchés disparaît trois mois plus tard. Dès ce moment, on ignore comment est assurée l'instruction des demandes en autorisation de plaider, les archives restant muettes à cet égard.

Cela étant, en Alsace, si le Conseil souverain de Colmar n'émet pas d'objections à la création de la chambre royale des consultations, c'est le barreau de cette ville qui est profondément divisé à son égard. Ainsi, dès 1784, des avocats protestent contre cette création : ils soulignent des conditions arbitraires de nomination des membres du comité et surtout, la fin de la liberté de consultation dont seront privées à l'avenir les communautés d'habitants[349]. Un « *arrêté* » verbal aurait été adopté par le conseil de l'ordre – ainsi qu'un projet bis de chambre des consultations, qui ne sera finalement pas retenu -, afin d'interdire toute consultation commune entre un avocat extérieur à la chambre royale et l'un des membres de cette dernière. Mais en l'apprenant, le premier président du Conseil souverain, après avoir mis l'affaire au vote des magistrats, convoque le bâtonnier Mueg pour exiger des explications (30 août 1784)[350]. L'affaire se termine par la volonté de Mueg d'apaiser les tensions : l'ordre des avocats ne bloquera pas le fonctionnement de la chambre. En réalité, le conflit opposait les anciens aux modernes : les avocats les plus expérimentés étaient outrés d'être exclus de la chambre parce qu'ils étaient stipendiés par des seigneurs. L'acte légal de création de l'institution excluait, en effet, les avocats qui conseillaient de grands propriétaires. Cette nouveauté bouleversait la tradition, puisqu'antérieurement à 1784, les avocats les plus consultés étaient aussi les plus anciens : certains possédaient 40, voire 50 ans d'expérience du barreau. Aussi ces consultations émanant de la chambre étaient-elles considérées par des avocats aigris comme superficielles et bâclées. Pire encore, elles remettaient en cause la liberté de consultation ; donc le droit de l'avocat de fixer lui-même ses honoraires.

Ce motif de contestation n'est pas sans rappeler celui qu'avaient émis les avocats de l'élection de Caen lorsque Esmangart avait créé un comité d'avocat : ceux-ci protestaient contre l'obligation d'un visa du conseil de l'intendant pour toutes les procédures des communautés relatives « *au fait des tailles*[351] ».

Un tel conflit se renouvelle en 1788 : l'intendant Ballainvilliers écrit en octobre 1787, un an après la création du comité que « *cet établissement a rempli les vues du gouvernement qu'il s'était proposé par la diminution des procès dans la province du Languedoc, mais il craint que le parlement de Toulouse, provoqué par ceux des avocats qui ne sont pas du comité, ne cherche à contrarier cet établissement*[352] ». On sait que le mouvement de contestation de mai 1788 rassemble pas moins de 120 avocats et 70 procureurs, tous liés à l'activité judiciaire du parlement de Toulouse, dans une ville où pas moins du quart de la population vit de la justice[353]. Les avocats protestent contre « *le projet de régir par une Loi uniforme toutes les parties du Royaume,* [qui] *est incompatible avec les privilèges, les mœurs*[354] ». Dans sa feuille de travail du 9 novembre 1787, Acher (1er commis au contrôle-général des finances, chargé des pays d'états) consigne la teneur d'un entretien qu'il a eu avec son ministre, face aux revendications du parlement de Toulouse. Il y indique : « *De semblables établissements sont formés dans plusieurs Intendances. Il ne peut y avoir de raison fondée pour que le Parlement de Toulouse critique le Comité d'Avocats formé à Montpellier qui, par les fruits que les Communautés en retirent, doit être maintenu. Lettre en conséquence à M. l'Intendant*[355] ». Hélas, les archives du contrôle-général sont lacunaires sur ce fait.

Dans le dernier territoire rattaché à la France, le duché de Lorraine et de Bar (1766), l'ordre des avocats cesse le service, très remonté contre la réforme Lamoignon[356]. Mais l'institution qu'est la chambre des consultations, au même moment, inspire à Boucher d'Argis une tentative de créer une société de bienfaisance judiciaire. Pour ce magistrat, il existe une seconde inspiration à cette société : ce serait celle du conseil charitable suscité à Lyon par l'évêque de Rochebrune en 1731, mais qui s'apparente plutôt à une juridiction gracieuse et volontaire : les parties doivent d'elles-mêmes accepter que leurs différents soient soumis à ce conseil[357].

Dernière critique, celle que soulève la réorganisation judiciaire décidée au forceps par l'ordonnance du 5 mai 1788, impulsée par le garde des sceaux Lamoignon. Celui-ci, après avoir siégé comme président au parlement de Paris, a succédé à Miromesnil en octobre 1787 aux sceaux. Il tente d'imposer deux réformes en une, avec une dizaine de textes normatifs, tant édits qu'ordonnance. Mais, devant l'opposition des parlements, c'est l'épreuve de force et ces textes seront donc enregistrés de force dans les cours supérieures, au besoin avec le concours de la force publique. Dans les ressorts judiciaires concernés – soit près d'une dizaine -, ce sont des binômes qui sont envoyés par le gouvernement : l'un est un officier général qui porte des ordres du roi en cas d'opposition ; l'autre est un haut administrateur – soit conseiller d'État, soit le commissaire départi lui-même.

L'un des édits réformait les remontrances, en unifiant le système au profit d'une seule cour appelée Cour plénière : les parlements perdaient l'un de leurs pouvoirs les plus appréciables qu'étaient le droit d'enregistrement et celui de remontrance. Mais ce n'est pas la seule disposition qui soulève un torrent de réaction indignée. L'ordonnance du 5 mai 1788 [358] comporte, elle aussi, des dispositions qui intéressent les avocats : l'un des articles entraîne, en effet, la réforme de l'organisation judiciaire. La structure judiciaire est modifiée et la modification du système judiciaire touche de plein fouet les justices seigneuriales : celles-ci, très contestées depuis l'époque de Loysel[359], sont touchées par le principe que désormais tout justiciable a droit à deux ressorts mai pas un de plus. Or, dans l'ancien système qui est désormais modifié, il existait une foule de juridictions subalternes, de sorte qu'un justiciable pouvait passer par cinq ou six échelons judiciaires successifs avant de voir son litige définitivement tranché. Les réduire à deux, c'était signer l'arrêt de mort de milliers de petits tribunaux locaux et leur substituer des cours appelées présidiaux en premier ressort, et en second, des grands bailliages au nombre de 47 (même si certains d'entre eux sont organisés et commencent à fonctionner, ainsi à Rouen, Toulouse, Bourg-en-Bresse). Au sommet, les parlements perdent la majeure partie de leurs prérogatives : ils restent civilement compétents pour les litiges supérieurs à vingt mille livres (somme très élevée, ce qui ne donnerait que de rares litiges), et les litiges relevant de la noblesse ou du clergé.

Ainsi donc, le sommet de l'ordre judiciaire était bouleversé par la modification du nom et de la compétence des parlements et par la disparition des juridictions d'exception (bureaux des finances, chambres des comptes…) ; à la base, par la rationalisation des tribunaux où une cinquantaine seulement devaient absorber des milliers condamnés à la disparition. Mais en modernisant la justice, le gouvernement prend le risque politique de jeter des milliers de gens de justice dans la rue : réorganiser la justice signifiait bouleverser leur vie professionnelle et les conduire à retrouver un avenir ailleurs : ici encore, la clientèle des justiciables était supprimée par un simple trait de plume. Ainsi, la communauté des procureurs du parlement de Bretagne évoquait-elle :

> « nos minces fortunes, déjà bien amoindries par les malheurs passés, courent le risque d'être entièrement anéanties. Nous avons plus que personne l'affreuse perspective de l'indigence, de la désolation de nos familles[360] ».

En Dauphiné, le procureur Barthelon partage ce sentiment : « *Si les nouveaux Edits sont exécutés, le Parlement* [de Grenoble] *est détruit par le fait et nos offices sont anéantis*[361] ». Dans cette ville agitée par des évènements de violence crapuleuse et politique qu'est Paris, l'avocat de Sèze témoigne de son inquiétude devant la perturbation du fonctionnement de la justice : « *J'y perds tout ce que j'avais* ».

Dans ce conflit très médiatique, le gouvernement fait appel à des publicistes de renom : Marmontel, Longuet, Beaumarchais, Rivarol, ainsi que l'abbé Morelet. Des intellectuels, tels que Mirabeau, Condorcet, penchaient vers le parti de l'ordre, tandis que La Fayette opinait pour les parlements. Cependant, la noblesse de cour, ulcérée des réductions budgétaires décidées par le roi, manifeste son mécontentement et soutient en réalité les parlements. L'absolutisme, qui lui était financièrement et socialement favorable, l'est moins quand le système souffre de l'impécuniosité de l'État. D'où l'insolence de grands du royaume envers le souverain et la reine. Cette attitude déplaisante était attisée par les magistrats les plus fougueux, souvent nobles de fraîche date, qui cherchaient ainsi à faire oublier leur ascension récente.

Pourtant, les réformes du gouvernement pouvaient être tempérées par des mesures transitoires : il existait des pistes de compromis que le gouvernement n'a guère songé à médiatiser. Parmi elles, c'était inciter nombre de gens de justice à postuler auprès des nouvelles juridictions et troquer leur qualité de jurisconsultes pour celles de magistrats : en Dauphiné, il existait une véritable pénurie de juges, puisque les nouvelles juridictions créées en mai 1788 nécessitaient 117 magistrats, alors que seuls 37 exerçaient dans les anciennes cours de rang équivalent[362]. Nombre d'avocats auraient ainsi pu postuler – avec succès – aux postes de juges vacants, mais il aurait fallu alors revoir la rémunération des juges, très en deçà de l'attractivité que tout bon juriste pouvait espérer (mais le gouvernement avait proposé des gestes hautement symboliques : que les juges des grands-bailliages portent la robe rouge dans les cérémonies publiques…). Dans une époque où la monarchie était en proie à des difficultés budgétaires insurmontables, c'était en fait impossible.

En réalité, les gens de justice pouvaient ainsi croire qu'on préparait leur ruine sans leur proposer autre chose. Les parlementaires, alors isolés, y trouveront un soutien corporatif et médiatique précieux (des journaux de province dénoncent les agissements de l'autorité, livrent les noms des agents publics, ridiculisent les réformes[363]). C'est le moment où l'histoire du pays bascule : la justice s'embrase et la contestation politique va désormais se nourrir du ralliement des avocats aux querelles judiciaires. Au sein des cours parlementaires, les magistrats du parquet général prennent fait et cause pour l'opposition et requièrent le rejet de l'enregistrement des textes[364]. Quand le ministère public exalte la sédition…

En Languedoc, le barreau de Toulouse se solidarise des parlementaires et, le 17 mai 1788, il signe un appel pour que les avocats inscrits promettent de ne pas servir dans le nouveau système judiciaire ou de postuler à un office de juge… Pareille attitude sera observée presque partout, notamment en Dauphiné ou en Bourgogne, où trois des cinq avocats siégeant dans le conseil de l'intendant Amelot protestent contre la réforme[365]. Le 7 juillet, les avocats de Toulouse – au nombre de 127 -, conduits par leur bâtonnier adressent une motion au garde des sceaux, où ils exigent le retour du parlement[366]. En Franche-Comté, l'avocat Rouget, plus virulent encore que ses confrères pour la cause parlementaire, est mis en prison au fort Griffon (10 juillet)[367].

En Bretagne, les gens de justice réagissent violement aux textes imposés par le comte de Thiard et Bertrand de Molleville. Les procureurs s'émeuvent de leur ruine programmée : la refonte de la justice doit entraîner la diminution du nombre de cours et de juridictions, l'abrègement des procès et donc la chute des effectifs de tous ceux qui vivent du système judiciaire[368].

En Dauphiné, les heurts violents sont connus comme étant ceux de la « *journée des tuiles* », du nom des projectiles que les émeutiers lançaient, du haut des toits, sur les forces de l'ordre. Mais avant cet épisode bien connu, un autre est intervenu et intéresse notre sujet :

il émane du parlement de Grenoble qui, sur la demande des procureurs à cette cour, décide par arrêt que désormais les autorisations de plaider ne pourraient pas donner lieu à une autorisation, lorsque la communauté d'habitant serait demandeuse à une procédure judiciaire (22 avril 1788)[369]. Ainsi, seuls les litiges en défense resteraient soumis à l'obligation de disposer d'une autorisation du commissaire départi. En agissant ainsi, le parlement faisait fi des règles légales en vigueur et remettait partiellement en cause l'institution du conseil d'avocats créé trois ans plus tôt. Mais l'intendant Caze réagit : au début de mai 1788, il saisit le garde des sceaux et le contrôle-général afin qu'ils interviennent contre l'entreprise du parlement du Dauphiné sur ses attributions de tutelle[370]. Il argumente contre cet « *acte d'autorité* » qui pénalisait les communautés d'habitants et les laisserait « *à la discrétion des praticiens* ». Cependant, le commissaire départi s'interroge sur la réaction à apporter : faut-il faire casser l'arrêt contesté par le Conseil du roi, ou bien tenter une autre stratégie ? Il craint, en effet, que s'en prendre au parlement conduirait les avocats à se désolidariser de son action, ce qui obligerait certainement les avocats du conseil d'avocats à le quitter :

> « Sans doute, il est [l'arrêt rendu par le parlement du Dauphiné] dans ce cas d'être cassé, mais ce remède pourrait devenir pire que le mal ce que, si cette Cour, à la sollicitation des Procureurs et même de beaucoup d'Avocats, qui n'ont pas vu l'établissement de ce comité avec plaisir, entreprenait de soutenir son arrêt, les Avocats qui composent ce comité se retireraient, pour ne pas se trouver en butte au Parlement, et il tomberait par-là, sans qu'il fût au pouvoir de Conseil de le rétablir[371] ».

D'ailleurs, Barthélémy d'Orbanne était personnellement concerné : il exerçait plusieurs justices seigneuriales à Grenoble, ce qui contribuait à son aura et lui permettait d'élargir sa clientèle.

Le 14 septembre 1788, Louis XVI cède et sacrifie Lamoignon : les réformes judiciaires, si laborieusement mises en place, sont donc *de facto* abandonnées (*de jure*, elles ne sont que suspendues). En quittant ses fonctions, Lamoignon lance des paroles prophétiques restées célèbres et tel Cassandre, annonce la fin du régime : « *Le parlement, la noblesse et le clergé ont osé résister au roi. Avant deux années, il n'y aura plus ni Parlement, ni noblesse, ni clergé*[372] ».

Quelques jours plus tard, une déclaration du 23 septembre revient sur les textes présentés et enregistrés en mai 1788 ; elle convoque aussi les états généraux pour l'année prochaine, ce qui était une exigence réclamée à corps et à cri par les parlements. Ainsi donc, une coalition de magistrats et d'avocats est parvenue à faire plier le gouvernement : l'humiliation est telle que la monarchie – ou plutôt l'absolutisme traditionnel – a vécu dans sa forme ancienne ; elle ne peut plus imposer sa volonté et incarner l'intérêt général auprès de la population.

En définitive, la réforme des assemblées provinciales se solde par un cuisant échec : certes, elle a été mise en place, mais elle a suscité tant de difficultés qu'au bout du compte, les barreaux ont participé à cette fronde du monde du droit à l'encontre du gouvernement. Les aménagements prévus par le contrôle-général, sans doute mal inspiré par sa réforme du rôle des avocats dans leurs relations avec les communautés d'habitants, débouchent sur une impasse. Il est vrai qu'alors, l'autorité du gouvernement semblait bien erratique, attisée par l'essor fulgurant de la presse fraîchement libérée des chaînes de la censure (la censure de la presse et de l'édition est suspendue par la déclaration du 5 juillet 1788). Quant aux parlements, qui tiraient les ficelles, leur sort est scellé avec celui des avocats : dans l'un et l'autre cas, les révolutionnaires saborderont ces institutions pour entrer dans un monde nouveau, dans une société métamorphosée où l'égalité deviendra l'un des piliers de la France nouvelle[373]. Il faudra attendre l'époque du Consulat pour reconstruire, pas à pas, la société plus stable voulue par Bonaparte, notamment la réapparition du barreau.

Notes du chapitre 5.

316 A. Cocatre-Zilgien, « Les doctrines politiques des milieux parlementaires dans la seconde moitié du 18e siècle ou les avocats dans la

bataille idéologique prérévolutionnaire », *Annales de la Faculté de Droit et des Sciences économiques de Lille*, 1963, p. 29-154.

[317] Cf. notre article « Un aperçu de l'édition juridique sous Louis XVI. Autour des chiffres d'impression des ouvrages de droit », *Colloque Le patrimoine* (26-27 octobre 2013), *Mémoires de la Société pour l'Histoire du droit et des Institutions des anciens pays bourguignons, comtois et romands (M.S.H.D.B.)*, t. 71, 2014, p. 293-322.

[318] C.-A. Cardot, Regards sur le droit en France au temps de Louis XVI : le Répertoire universel et raisonné de jurisprudence (1776-1785), *Annales de la faculté de droit et de science politique de Clermont*, 1974, p. 229-261.

[319] Cf. J.-L. Gazzaniga, Quand les avocats formaient les juristes et la doctrine, dans *Défendre par la parole et par l'écrit. Études d'histoire de la profession d'avocat*, Toulouse, Presses de l'université des sciences sociales, 2004, p.157-168.

[320] Poirot, *Le milieu…*, *op. cit.*, t. II, p. 187-188.

[321] Evaluation faite par l'imprimeur Frantin, 27 juin 1786 : AD Côte-d'Or, notaire Gilliot 2651.

[322] F. Bluche a relevé, dans *Les magistrats du parlement de Paris au XVIIIe siècle*, que les bibliothèques des avocats avaient en proportion, trois fois plus d'ouvrages de droit que celles des magistrats.

[323] J. Egret, *La pré-révolution française, 1787-1788.* Paris, PUF, 1962.

[324] Protégé par le prince de Conti, il disposait d'un enclos particulier, celui du Temple à Paris, où les autorités de police n'avaient nul accès.

[325] Sur cette réforme, cf. l'étude (déjà ancienne) de R. Villers, *Les conseils supérieurs d'après la réforme de Maupeou.* Paris, thèse de droit, 1937.

[326] Gerbier avait accepté de reprendre son activité d'avocat car il était endetté et il souhaitait faire sortir sa sœur janséniste de prison. Les autorités disposaient donc de puissants moyens de pression : J.-P. Royer, *Histoire de la justice en France.* Paris, PUF, 1996, p. 228.

[327] S.-P. Hardy, *Mes loisirs ou Journal d'événements tels qu'ils parviennent à ma connaissance (1753-1789).* p. 389.

[328] Poirot, *Le milieu…*, *op. cit.* p. 33.

[329] P. Bodineau, *Les impossibles économies de la maison du roi sous le règne de Louis XVI*, dans S. Évrard (dir.), *Réformer l'administration et réformer l'État. Jalons historiques et juridiques.* Paris, L'Harmattan, 2015, p. 151-160.

[330] Sur celles-ci, cf. E. Lemaire, *Grande robe et liberté : La magistrature ancienne et les institutions libérales*. Paris, PUF, 2015.

[331] M. Marion, *Le garde des sceaux Lamoignon et la réforme judiciaire de 1788*. Paris, Hachette, 1905.

[332] M. Bordes, D'Etigny et l'administration de l'intendance d'Auch (1751-1767). Auch, Thèse de Lettres, 1957 et AD 32, C 137 (débats de l'assemblée provinciale, 13 décembre 1787).

[333] Lors du sermon qui ouvrait l'assemblée, le président réclama un financement en des temps difficiles, et son sermon fit l'objet de vives critiques, comme étant très conservateur : L. Coste et S. Guillaume (dir.), *Élites et crises du XVIe au XXIe siècle : Europe et Outre-mer*. Paris, Armand Colin, 2014, p. 22.

[334] Galard-Magnas, *Compte-rendu des séances de l'administration provinciale d'Auch : avec notes et documents*. Agen, Lentheric, 1887.

[335] Godard à Cortot, 25 mai 1788 : AD Côte-d'Or E 642.

[336] Le cumul de la charge de substitut avec celle d'avocat était exceptionnellement autorisé dans certaines cours (Dijon, Metz, Nancy) et interdites toutefois dans d'autres (Paris, Besançon). L'édit de 1586 interdisait à l'origine aux substituts de plaider « *sans qu'ils puissent playder, consulter ny manier affaires d'autruy* ». Les substituts dijonnais reçurent en 1632, par une déclaration, le droit de plaider et de consulter « *hors dans les causes ou le Roy aura interrest* » : ADCO, B 12.148 n° 61.

[337] Cf. l'intéressante correspondance conservée aux Archives de Côte-d'Or, étudiée par Huguenin (en bibliographie).

[338] Datée du 15 mai 1788, cette interdiction est la suivante : « *En vertu des ordres du Roi qui défend toute espèce d'assemblée, nous défendons à l'ordre des avocats du Parlement de Dijon, d'en faire aucune, soit particulière, soit générale, jusqu'à nouvel ordre* » : Huguenin, Les avocats de Dijon à Versailles, *Mémoires de l'académie de Dijon*, 1905, p.60.

[339] AD Côte-d'Or, E 642.

[340] La référence sur le bailliage de Bourg est périmée : L. de Combes, *Le présidial de Bourg et le bailliage de Bresse*. Bourg, Grandin, 1874.

[341] Godard à Cortot, 5 juin 1788 : Huguenin, Correspondance inédite..., *op. cit.* p. 102.

[342] Pour le cas de Périgueux, qui obtint le statut de grand-bailliage en août 1788, au moment où le présidial de Limoges préférait rester fidèle à la

ligne dure incarnée par le parlement de Bordeaux cf. V. Meyzie, *Les illusions perdues de la magistrature seconde : les officiers moyens de justice en Limousin et en Périgord, vers 1665-vers 1810*. Presses universitaires de Limoges, 2006, p. 364-367.

343 F. Pitou, Le présidial du Mans en 1788 : le grand bailliage ou l'exil, dans H. Daussy (dir.). *Hommes de loi et politique : XVIe-XVIIIe siècles*. Rennes, PUR, 2007, p. 143-161.

344 « Malgré cette troisième consultation [devant le conseil de l'intendance], le sieur commissaire départi n'en a pas moins persisté dans son refus de les autoriser [à plaider]; une circonstance malheureuse pour eux a beaucoup influé sur ce refus. [Amelot] a établi un comité de cinq avocats qu'il a chargés d'examiner les différentes demandes formées devant lui et ces avocats ont donné leur avis sur la demande en autorisation qu'avoient formé les suplians; or quatre d'entre eux [sur les cinq du comité] avoient été précédemment consultés par les prieur et religieux de Cîteaux ainsi il n'est pas étonnant que leur avis ait été contraire aux suplians » : notes du rapporteur du Comité contentieux du Conseil, 3 mai 1788 : AN H 209, p. 112-115.

345 *« Malgré cette troisième consultation* [devant le conseil de l'intendance], *le sieur commissaire départi n'en a pas moins persisté dans son refus de les autoriser* [à plaider]*; une circonstance malheureuse pour eux a beaucoup influé sur ce refus.* [Amelot] *a établi un comité de cinq avocats qu'il a chargé d'examiner les différentes demandes formées devant lui et ces avocats ont donné leur avis sur la demande en autorisation qu'avoient formé les suplians; or quatre d'entre eux* [sur les cinq du comité] *avoient été précédemment consultés par les prieur et religieux de Cîteaux ainsi il n'est pas étonnant que leur avis ait été contraire aux suplians* » : notes du rapporteur du Comité contentieux du Conseil, 3 mai 1788 : AN H 209, p. 112-115.

346 Sédillot, *De l'intendance…*, op. cit., p. 146.

347 AD Moselle, C 819, procès-verbal du 11 mars 1788.

348 AD Moselle, C 819, procès-verbal du 11 mars 1788.

349 Sans omettre l'argument selon lequel les avocats les plus anciens seraient écartés de la chambre, au motif qu'ils sont les conseils des princes possessionnés d'Alsace. Sur ces points, cf. notre article Les archives et la Chambre royale des Consultations de Colmar. Note sur une institution du règne de Louis XVI, *La Revue administrative*, n° 379, janvier-mars 2011, p. 80-87.

[350] *Journal du Palais*, 1787, p. 470-472.

[351] F. Mourlot, *La fin de l'Ancien Régime et le début de la Révolution dans la généralité de Caen (1787-1790)*. Paris, 1913, p. 14-15.

[352] Ballainvilliers au contrôle général, 26 octobre 1787 : AN E 3703[2].

[353] J.-L. Gazzaniga (dir.), *Histoire des avocats et du barreau de Toulouse du XVIIIe siècle à nos jours*. Toulouse, Privat, 1992.

[354] *Lettre des avocats au parlement de Toulouse à monseigneur le Garde des sceaux sur les nouveaux édits transcrits par les Commissaires de Sa Majesté dans les registres du Parlement, le 8 mai 1788*. Toulouse, 1788, p. 20.

[355] AN H 1428 1° n 128.

[356] Krug-Basse, *Histoire du parlement de Lorraine*. Nancy, 1899.

[357] « *Les Magistrats, les Jurisconsultes & les Citoyens qui le composent, prononcent sans frais sur les procès que les parties veulent bien soumettre à leur jugement, & ils épargnent au peuple... plus de trois cents mille livres par année* ». Le conseil était abondé par des subventions de 2 200 livres annuelles, dont une bonne part provenait de l'évêché de Lyon : Boucher d'Argis, *De la bienfaisance dans l'ordre judiciaire*. Paris, Le Boucher, 1788, p. 25.

[358] Elle réforme la procédure criminelle sur plusieurs points essentiels : elle impose la motivation des décisions de justice, fait apparaître un sursis à exécution de trente jours après le prononcé de la décision, abroge la question préalable...

[359] On leur reprochait leur mauvaise composition, leur coût et la cupidité de leurs juges. Mais des études récentes ont nuancé ces préjugés négatifs : cf. l'ouvrage collectif *Les justices de village. Administration et justices locales de la fin du Moyen Âge à la Révolution*, dir. F. Brizay, A. Follain, V. Sarrazin. Rennes, PUR, 2002.

[360] Saulnier, p. 89 (registre de la communauté, 7 mai 1788).

[361] Egret, *Le parlement de Dauphiné...*, *op. cit*, t. II, p.208.

[362] Egret, *Le parlement de Dauphiné...*, *op. cit*, t. II, p.216.

[363] Telles les *Affiches de Dauphiné*, ou encore les *Nouvelles Affiches de Toulouse*.

[364] Ainsi à Toulouse, à Grenoble... A. Deboul, *La fin du parlement de Toulouse*. Toulouse, Tardieu, 1890, p. 26-28.

[365] A. Huguenin, « La cour plénière et les édits de 1788. Les avocats de Dijon à Versailles », *Mémoires de l'Académie des sciences, arts et belles-lettres de Dijon*, t. X, 1905-1906, p. 42 et 61. Parmi les avocats qui signent la protestation du 29 mai 1788, figurent trois des cinq jurisconsultes du

conseil d'avocats de l'intendant Amelot : Ranfer, Virely et Ligeret de Beauvais.

366 Trois d'entre eux sont alors convoqués à Versailles : Jammes, Lafage, Duroux.

367 G. Carrelet, *Les avocats du parlement de Franche-Comté*, Besançon, Jacques et Demontrond, 1913, p. 172.

368 Sur le barreau de Rennes, et ceux d'Aix et de Toulouse, cf. H. Leuwers, « La liberté par les libertés. Trois barreaux parlementaires contre la réforme Lamoignon (Aix, Rennes, Toulouse. 1788) », dans A. Lemaître (dir.), *Le monde parlementaire au XVIIIe siècle. L'invention d'un discours politique*, Rennes, PUR, 2010, p. 239-253.

369 Giroud, XXVII-71 ; la décision est publiée dans les *Affiches de Dauphiné*, 2 mai 1788, p.6. Nous remercions les archives départementales de l'Isère de leurs précisions.

370 Par le biais d'un *Mémoire* rédigé le 4 mai 1788 : AN, B/A/74 (4).

371 AN, B/A/74 (4).

372 G.-M. Sallier-Chaumont de Laroche, *Annales françaises*. Paris, Leriche, 1813, p.186-187. L'auteur est un ancien conseiller du parlement de Paris, devenu maître des requêtes sous le Premier Empire.

373 *Haro sur les parlements (1787-1790). Anthologie de pamphlets contre les parlements d'Ancien Régime*. Textes choisis et présentés par F. Bidouze. Publications de l'Université de Saint-Etienne, 2012.

Conclusion

Le monde des avocats, autrefois si soudé, opère un virage spectaculaire au temps des Lumières. Par sa notoriété, son goût de la réflexion, il participe aux querelles de son siècle et contribue à affermir l'importance de l'opinion publique dans le débat des idées. Quand les heurts entre le Gouvernement et les parlements deviennent particulièrement préoccupants, il est partagé entre la solidarité propre au monde des juristes et son appétence pour les promotions que des réformes lui proposent.

La réforme de 1787 a souvent été présentée comme bâclée et, parfois même, comme présentant peu d'intérêt. Bien au contraire, elle a contribué à revigorer un modèle politique déclinant, à une époque où le despotisme ministériel était combattu ; il fallait bien offrir un autre modèle à l'opinion publique passionnée depuis peu par l'enjeu des institutions et l'émergence de la notion de nation[374].

Mais en 1788-1789, les avocats, si soucieux de la force des parlements, s'en désolidarisent subitement quand la question de la représentation du tiers aux états-généraux est posée. Ils s'éloignent alors d'un monde traditionnel et basculent vers celui des patriotes. De cet avenir si discuté, il était donc opportun de discuter de la société, des institutions et de ce monde très partagé. Toutefois, le bras mal armé de l'État – qualifié de « *despotisme de la faiblesse* » – n'était pas en capacité d'imposer une vision unitaire de la souveraineté : le siècle de Louis XIV était déjà loin et, au sommet du pouvoir, on voyait mal le navire de l'État naviguer sans sombrer tant les défis de la monarchie étaient nombreux. Mais les blocages sont tels qu'il apparaît nulle autre solution que de réunir les états-généraux, et de refonder la société française sur des bases nouvelles. Cela s'entend par la reconstruction de tout l'édifice, tant institutionnel que social : quant aux moyens pour y parvenir, ils reposent, d'abord, sur la destruction de ces corps intermédiaires qui bloquaient toute velléité de réforme (parlements…)[375]. Ensuite, c'est le bouleversement du paysage territorial avec la création du département et une décentralisation[376].

Mais le système n'apparaissait pas si bloqué que cela ; ainsi, dans le cahier de doléances rédigé par la communauté de Saint-Quirin (autrefois Trois-Évêchés, aujourd'hui département de la Moselle), un article (35) évoque la création d'un « *conseil d'avocats dans chaque province pour les communautés, sans l'avis desquels aucune ne sera admise à plaider*[377] ». Autre exemple, celui qui résulte des lettres-patentes du 19 octobre 1790, qui prescrivent la formation, dans chacun des directoires de département, d'un comité contentieux provisoire, lequel, jusqu'au moment où les juges de district seront en activité, connaîtra du contentieux autrefois attribué aux intendants.

Lorsque les états-généraux se réunissent les avocats sont surreprésentés : ils sont en effet près de 151 sur un bon millier de députés[378]. Par la suite, on sait que près de 250 anciens avocats peuplent les diverses assemblées révolutionnaires.

Quant aux avocats, le corps disparaît en 1790[379] ; émerge alors le système dual des défenseurs officieux et des hommes de loi et une vaste reconstruction du système judiciaire. Il faudra attendre le temps de l'Empire pour voir réapparaître les avocats (1810).

Notes de la conclusion.

[374] A. Slimani, *La modernité du concept de Nation au XVIIIe siècle (1715-1789).* Aix, Presses universitaires d'Aix-Marseille, 2004.

[375] D. Roche, *La France des Lumières.* Paris, Fayard, 1993.

[376] M.-L. Legay, La fin du pouvoir provincial (4 août 1789 - 21 septembre 1791), *Annales Historiques de la Révolution Française,* n° 332, avril-juin 2003, p. 25-53.

[377] Article 35 cahier des doléances de Saint-Quirin (bailliage de Vic-sur-Seille) : C. Etienne, *Cahiers de doléances des bailliages des généralités de Metz et de Nancy pour les états généraux de 1789.* Nancy, Berger-Levrault, 1907, t. I, p. 673 (15 mars 1789). Roederer possédait d'importants intérêts dans cette communauté. Doit-on y voir son influence dans la rédaction des cahiers de la communauté ?

[378] Halpérin, *L'impossible code civil...*, p. 78.

[379] Décret du 2 septembre 1790 : « *les hommes de loi, ci-devant appelés avocats,*

ne devant former ni ordre ni corporation, n'auront désormais aucun costume particulier dans leurs fonctions ».

ANNEXES

Annexe 1

Création du comité contentieux de l'intendance d'Orléans (1780)

« Orléans, ce 20 Avril 1780.

Les intérêts des Communautés, Messieurs, souvent peu à portée d'être instruites de leurs droits, ou mal défendues, ont excité l'attention du Conseil, & je m'empresse de vous prévenir de l'établissement à Orléans d'une Commission d'Avocats dont la mission sera d'examiner & de discuter gratuitement, les droits des Communautés de mon Département, & de les guider dans les Procès qu'elles auront à intenter ou à soutenir.

En conséquence de cet établissement dû aux bontés du Roi & à la bienfaisance de l'Administration, lorsque votre Ville aura quelque contestation, soit en demandant, soit en défendant, vous aurez pour agréable avant de l'engager, de m'adresser directement les Pièces, Titres, ou Copies d'iceux & autres renseignements sur lesquels elle établira ses prétentions. Il sera inutile d'y joindre ni Requête ni consultation d'Avocats, le Conseil établi, ayant également pour objet d'éviter tous les frais aux Habitants. Il suffira seulement d'envoyer un détail exact & circonstancié des faits relatifs aux demandes à former, ou aux défenses à fournir. Je vous ferai passer le résultat de ses délibérations, avec une instruction, soit sur la marche à suivre pour la Procédure, s'il y a lieu ; soit sur les voies de conciliation à prendre, pour, dans aucun cas, ne compromettre les intérêts de votre Ville. Je vous prie, Messieurs, de faire lecture de ma Lettre à votre première assemblée, & de la porter sur vos Registres, afin que vos successeurs soient instruits de son objet, & puissent profiter du secours que la bonté du Roi a ménagé à vos Habitants pour leurs intérêts communs & la conservation de leurs droits.

Je suis Messieurs, votre très-humble & très obéissant Serviteur, De Cypierre

MM. les Officiers Municipaux de la ville de Clamecy[9] ».

---

[9] Arch. Municipales de Clamecy, FF 19 pièce 21.

Annexe 2

Création du comité d'avocats de l'intendant du Dauphiné (mai 1785)

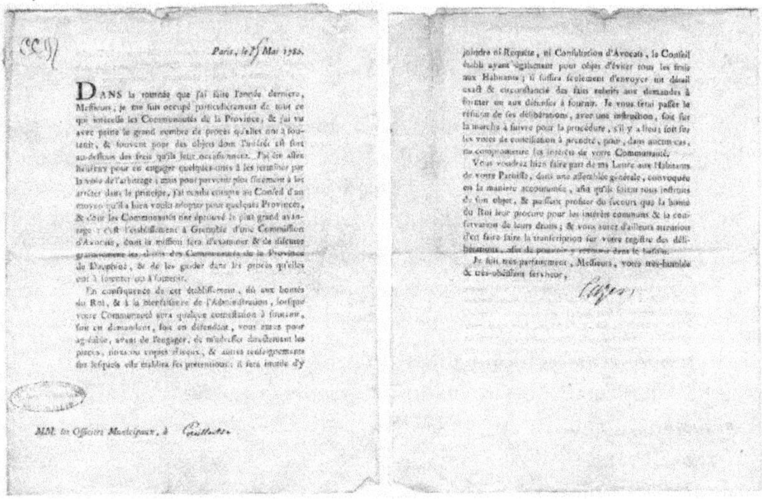

Paris, le 25 Mai 1785.

DANS la tournée que j'ai faite l'année dernière, Meſſieurs, je me ſuis occupé particulièrement de tout ce qui intéreſſe les Communautés de la Province, & j'ai vu avec peine le grand nombre de procès qu'elles ont à ſoutenir, & ſouvent pour des objets dont l'intérêt eſt fort au-deſſous des frais qu'ils leur occaſionnent. J'ai été aſſez heureux pour en engager quelques-unes à les terminer par la voie de l'arbitrage ; mais pour parvenir plus ſûrement à les arrêter dans le principe, j'ai rendu compte au Conſeil d'un moyen qu'il a bien voulu adopter pour quelques Provinces, & dont les Communautés ont éprouvé le plus grand avantage : c'eſt l'établiſſement à Grenoble d'une Commiſſion d'Avocats, dont la miſſion ſera d'examiner & de diſcuter gratuitement les droits des Communautés de la Province de Dauphiné, & de les guider dans les procès qu'elles ont à ſoutenir ou à intenter.

En conſéquence de cet établiſſement, dû aux bontés du Roi, & à la bienfaiſance de l'Adminiſtration, lorſque votre Communauté aura quelque conteſtation à ſoutenir, ſoit en demandant, ſoit en défendant, vous aurez pour agréable, avant de l'engager, de m'adreſſer directement les pièces, titres ou copies d'iceux, & autres renſeignements ſur leſquels elle établira ſes prétentions : il ſera inutile d'y

MM. les Officiers Municipaux, à Guillestre.

joindre ni Requête, ni Conſultation d'Avocats, le Conſeil établi ayant également pour objet d'éviter tous les frais aux Habitans ; il ſuffira ſeulement d'envoyer un détail exact & circonſtancié des faits relatifs aux demandes à former ou aux défenſes à fournir. Je vous ferai paſſer le réſultat de ſes délibérations, avec une inſtruction, ſoit ſur la marche à ſuivre pour la procédure, s'il y a lieu ; ſoit ſur les voies de conciliation à prendre, pour, dans aucun cas, ne compromettre les intérêts de votre Communauté.

Vous voudrez bien faire part de ma Lettre aux Habitans de votre Paroiſſe, dans une aſſemblée générale, convoquée en la manière accoutumée, afin qu'ils ſoient tous inſtruits de ſon objet, & puiſſent profiter du ſecours que la bonté du Roi leur procure pour les intérêts communs & la conſervation de leurs droits ; & vous aurez d'ailleurs attention d'en faire faire la tranſcription ſur votre regiſtre des délibérations, afin de pouvoir y recourir dans le beſoin.

Je ſuis très-parfaitement, Meſſieurs, votre très-humble & très-obéiſſant ſerviteur,

Source : AD Hautes-Alpes, CC 153

Annexe 3

Création du conseil d'avocat de l'intendant de Tours (juillet 1787)

« Tours, le 22 Juillet 1787

Les intérêts des Communautés, Messieurs, souvent peu à portée d'être instruites de leurs droits, ou mal défendues, ont excité l'attention du Conseil, & je m'empresse de vous prévenir de l'établissement à Tours d'un Conseil d'Avocats, dont la mission sera d'examiner & de discuter gratuitement les droits des Communautés de mon Département, & de les guider dans les Procès qu'elles auront à intenter ou à soutenir.

En conséquence de cet établissement dû aux bontés du Roi & à la bienfaisance de l'Administration, lorsque votre Communauté aura quelque contestation, soit en demandant, soit en défendant, vous aurez pour agréable, avant de l'engager, de m'adresser directement les Pièces, Titres ou Copies d'iceux, & autres renseignements, sur lesquels elle établira ses prétentions. Il sera inutile d'y joindre des consultations d'Avocats, le Conseil établi ayant également pour objet d'éviter tous les frais aux Habitans. Il suffira seulement de m'adresser, avec la délibération de la Communauté, les Pieces ci-dessus, & une Requête contenant un détail exact & circonstancié des faits relatifs aux demandes à former, ou aux défenses à fournir. Je vous ferai passer le résultat de ses délibérations, avec une instruction, soit sur la marche à suivre pour la Procédure, s'il y a lieu, soit sur les voies de conciliation à prendre, pour, dans aucun cas, ne compromettre les intérêts de votre Communauté. Je vous prie, Messieurs, de faire lecture de ma Lettre à votre première assemblée, & de la porter sur vos Registres, afin que vos successeurs soient instruits de son objet, & puissent profiter du secours que la bonté du Roi a ménagé à vos Habitans pour leurs intérêts communs & la conservation de leurs droits.

Je suis, Messieurs, votre très-humble & très obéissant Serviteur.

D'AINE »

(Archives municipales de Loudun, FF 3)

Annexe 4

Création du comité contentieux de l'intendant du Languedoc, 1er décembre 1786 (l'orthographe d'origine a été modernisée par nos soins)

Règlement pour le régime du comité établi par M. de Ballainvilliers Intendant de la Province de Languedoc le 1er Xbre 1786.

Art. 1er

Le comité sera composé de M. l'Intendant, qui y préside, de quatre avocats, d'un secrétaire et d'un adjoint, qui seront nommés par M. l'Intendant.

Art. 2

Ledit comité s'assemblera à l'hôtel de l'Intendance le samedy de chaque semaine à dix heures du matin. Les membres dudit comité se placeront autour d'un Bureau, savoir M. l'Intendant au haut dudit Bureau dans un fauteuil et les autres avocats aux deux côtés selon l'ordre et la date de leur matricule. Quant au secrétaire ou son adjoint, ils se placeront à côté de M. l'Intendant et derrière une petite table, qui leur sera fournie.

Art. 3

Mrs les Syndics Généraux de la Province pourront assister, si bon leur semble, aux séances dudit comité, et lorsqu'ils s'y rendront, ils se placeront en la même forme et manière observées à leur égard dans les différentes commissions de la Province auxquelles ils ont droit d'assister.

Art. 4

Seront portées au comité par le secrétaire et l'adjoint, qui y seront attachés, toutes les requêtes qui auront été présentées à M. l'Intendant par les communautés de la Province en Permission d'intenter des actions ou de défendre à celles qui auront été introduites contre elles, pour la distribution et le renvoi en être faite par M. l'Intendant aux avocats composant le comité, à l'effet d'en faire le rapport.

Art. 5

A l'effet de cette distribution, toutes les requêtes présentées par les communautés seront enregistrées dans un Registre qui sera tenu à cet effet par le secrétaire du comité et son adjoint, avec les noms des Procureurs qui les auront signées. Ce Registre aura une marge, et chaque feuille sera divisée en deux colonnes. Il sera présenté à M. l'Intendant chaque jour d'assemblée dudit comité, lequel couchera en marge le nom de l'avocat auquel la distribution sera faite.

Art. 6

Sur l'une des colonnes dudit Registre sera fait l'enregistrement porté par l'article précédent et dans la forme mentionnée audit article et dans la seconde colonne, arrêté du comité et le résultat des consultations délibérées sur lesdites requêtes.

Art. 7

Il ne sera présenté à l'avenir qu'une seule requête sur les demandes en permission de plaider, sauf néanmoins dans le cas des oppositions auxdites permissions, qui exigeront une instruction contradictoire.

Art. 8

Seront joints aux dites requêtes, un mémoire et tous les actes et pièces propres à faire connaître les droits que les communautés auront à faire valoir ou à défendre, lesquels seront remis avec lesdites requêtes aux avocats choisis par M. l'Intendant pour en faire le rapport.

Art. 9

Pourront les avocats chargés du rapport des requêtes demander aux Procureurs qui les auront signées, de plus amples éclaircissements, si les requêtes, les mémoires et autres pièces, dont elles seront accompagnées, ne suffisent pas pour leur faire connaître les droits et les exceptions des communautés, pourront même les dits avocats écrire aux parties contre lesquelles les communautés auront à diriger des actions ou à proposer des défenses, comme aussi leur donner communication par copie des mémoires remis par lesdites communautés, et les inviter à fournir des réponses, si elles le jugent à propos, qu'elles seront priées d'adresser à M. l'Intendant.

Art. 10

Lorsque les avocats auront rassemblé tous les éclaircissements qu'ils auront jugés nécessaires et examiné les dossiers qui leur auront été distribués, ils porteront au comité lesdits dossiers pour en faire le Rapport. Et être sur leur Rapport délibéré par le comité s'il y a lieu d'accorder ou de refuser la permission de plaider et de défendre.

Art. 11

Il sera fait un arrêté des points qui auront été délibérés, sans [...] ; lesdits arrêtés seront écrits par le secrétaire ou son adjoint sur une feuille de papier et paraphée par M. l'Intendant sur lesdits arrêtés qui seront remis à l'avocat Rapporteur, ledit avocat dressera une consultation raisonnée, laquelle sera signée par les avocats qui auront assisté à la délibération et dont les noms seront écrits en marge desdits arrêtés.

Art. 12

Et attendu que ladite consultation doit avoir pour objet de régler les demandes et les défenses des communautés, les avocats rédacteurs de la consultation observeront de discuter les droits des communautés, d'indiquer les moyens qui résulteront de leurs titres et les avantages qu'ils pourront en tirer, de leur tracer la marche et les conclusions qu'elles auront à prendre en justice.

Art. 13

Ladite consultation rédigée et signée par les avocats qui auront assisté au Rapport, les arrêtés ainsi que le résultat de ladite consultation seront transcrits dans la seconde colonne du Registre de distribution à côté de la requête sur laquelle ladite consultation aura été donnée conformément à ce qui est prescrit par l'article 6 du présent règlement. Et après la transcription ladite consultation ainsi que la requête, les mémoires, titres et généralement toutes les pièces composant le dossier, seront communiqués au syndic général de la Province pour avoir son avis.

Art. 14

L'avis du syndic général ainsi que le dossier des requêtes, mémoires, titres et pièces seront renvoyés par le syndic général au Bureau des communautés. Et ledit renvoi fait, il sera rendu sur les requêtes desdites communautés, telle ordonnance qu'il appartiendra, pour être remise, avec les pièces et la consultation des avocats qui sera délibérée gratis, aux procureurs des communautés, aux jours et heures qui auront été réglés.

Art. 15

Il sera libre à M. l'Intendant de renvoyer au Comité toutes les requêtes et affaires intéressant les communautés, de quelque nature qu'elles soient ; à l'effet de prendre l'avis des avocats qui le composent ; et ledit comité délibérera sur lesdites demandes et affaires, en la forme ci-dessus prescrite pour les demandes en permission de plaider.

Art. 16

Se réserve encore M. l'Intendant de faire au présent règlement tels changements et additions que l'expérience et les circonstances lui feront juger convenables ; invitant à cet égard les avocats composant le comité de concourir par leurs lumières à l'amélioration d'un établissement qui a pour objet le bien de la Province en général et celui des Communautés en particulier.
Fait et arrêté à Montpellier le »

(Archives départementales de l'Hérault, C 963).

Sources et bibliographie

Sources

- Archives nationales

- E 2739, 3702[3].
- H 139, 209, 1429, 1529, 1594.
- O[1] 453.

- Archives du Calvados

- C 232, 234, 7614, 7615, 8091.
- 1 J 187.

- Archives de Côte-d'Or

- B 12145.
- E 642.

- Archives de Gironde

- C 152.

- Archives de l'Hérault

- C 951.

- Archives de l'Orne

- C 1160.

- Archives de Maine-et-Loire

- C 12, 283, 315.

- Archives de Meurthe-et-Moselle

- C 504, 527.

- Archives de Moselle

- B 512.
- C 819, 822.

- Archives du Rhône

- 9 C 2.

- Archives de Seine-et-Marne

- C 42.

- Archives de Saône-et-Loire

- C 46.

Bibliothèque nationale de France
- Ms 11.141.

Bibliothèque municipale de Dijon
- Ms. 1434.

Bibliographie

A.-G. BOUCHER D'ARGIS, *Histoire abrégée de l'ordre des avocats et règlements qui concernent les fonctions et prérogatives attachées à cette profession*, Paris, Durand, 1778.

A.-G. BOUCHER D'ARGIS, *De la bienfaisance dans l'ordre judiciaire*. Paris, Le Boucher, 1788.

J.-P. BRISSOT DE WARVILLE, *Bibliothèque philosophique du législateur, du politique, du jurisconsulte ou choix des meilleurs discours, dissertations, essais, fragments, composés sur la législation criminelle*, Berlin, 1782-1785.

A.-G. CAMUS, *Lettres sur la profession d'avocat et sur les études nécessaires pour se rendre capable de l'exercer. On y a joint un catalogue raisonné des livres utiles à un avocat et plusieurs pièces concernant l'ordre des avocats*, Paris, J. Hérissant, 1772.

Un indépendant à l'ordre des avocats, sur la décadence du barreau en France, Berlin, 1781 (Brissot).

Sur les avocats

M. ACERRA, Les avocats du Parlement de Paris 1661-1715, *Histoire, économie et société*, 1982, n° 2, p. 213-225.

U. BELLAGAMBA, *Les avocats à Marseille : praticiens du droit et acteurs politiques (XVIIIe et XIXe siècles)*. Aix-en-Provence, PUAM, 2001.

D. A. BELL, Des stratégies d'opposition sous Louis XV : l'affaire des avocats, 1730-31, *Histoire, économie et société*, 1990, n° 4, p. 567-590.

L. R. BERLANSTEIN, *The barristers of Toulouse in the eighteenth century (1740-1790)*. Baltimore, John Hopkins press, 1975.

P. CAREL, *Étude historique sur le barreau de Caen*. Caen, Delesques, 1889.

G. CARRELET, *Les avocats du parlement de Franche-Comté*, Besançon, Jacques et Demontrond, 1913.

M. CLAISSE, *Le Barreau Lorrain sous la Révolution.*, Nancy, Thomas, 1958.

H. CHAUVOT, *Le barreau de Bordeaux de 1775 à 1815.* Paris, Durand, 1856.

D'AGUESSEAU, *Discours sur l'indépendance de l'Avocat*, discours prononcé en 1693, in *Œuvres*, Paris, éd. Pardessus, 1819.

F. DELBEKE, *L'action politique et sociale des avocats au XVIIIe siècle. Leur part dans la préparation de la révolution française.* Paris, Sirey, 1927.

P. DREYFUS (dir.), *Grenoble et ses avocats d'hier à aujourd'hui.* Grenoble, Presses universitaires de Grenoble, 2002.

R. DURAND, Les avocats au Parlement de Dijon en 1789. *Annales de Bourgogne,* 1933, p. 273-278.

D. EUCHI, *Engagement public des avocats du parlement de Rouen à la fin de l'Ancien Régime et sous la Révolution*, DEA, Université de Rouen, 2001.

J.-F. FOURNEL, *Histoire des avocats au parlement et au barreau de Paris depuis Saint-Louis jusqu'au 15 octobre 1790*, Paris, Chez Maradan, 1813, 2 vol.

H. FAYE, *Un barreau de province. Les institutions judiciaires en Touraine et le barreau de Tours*, Angers, Germain & Grassin, 1896.

F. GARDAZ, *Essai sur la vie et sur les ouvrages de Linguet, où ses démêlés avec l'ordre des avocats sont éclaircis et où l'on trouve des notes et des réflexions dont la plupart sont relatives à cet ordre et à l'éloquence du barreau*, Paris, Brunot-Labbe, 1809.

J. GAUDRY, *Histoire du Barreau de Paris depuis son origine jusqu'à 1830*, Paris, Auguste Durand, 1864.

V. GIRAUD, *Histoire du barreau et des avocats de Grenoble de 1750 à nos jours.* Grenoble, Thèse de droit, 1996.

GONTARD DE LAUNAY, *Les Avocats d'Angers de 1250 à 1789.* 1888.

G. GUERDER, *Les avocats d'Angers* au XVIIIe siècle (1725-1790), mémoire de maîtrise, Histoire, Angers, 1996.

A. HUGUENIN, « La cour plénière et les édits de 1788. Les avocats de Dijon à Versailles », *Mémoires de l'Académie des sciences, arts et belles-lettres de Dijon*, 4e série, t. X, 1905-1906, p. 60-61 (29 mai).

L. KARPIK, *Les avocats. Entre l'État, le public et le marché XIIIe-XXe siècle.* Paris, Gallimard, 1995.

LENORMAND et CHARRIER, *Biographies des principaux magistrats, avocats et jurisconsultes français, avec portraits et lithographies, publiée par MM Lenormand et Charrier, avocats*, Paris, N. Maze, 1825.

M. LONCLE, *L'Ordre des avocats au Parlement de Paris aux XVIIème et XVIIIème siècles (1602-1790)*, Paris, 1910.

H. LEUWERS, *L'invention du barreau français, 1660-1830. La construction nationale d'un groupe professionnel.* Paris, Éditions de l'École des hautes études en sciences sociales, 2006.

A. LONGUEPEE, *Linguet, Avocat,* Thèse droit, Paris, 1993.

A. MOPPEL, *L'avocat dans la cité de Metz*. 1392 à 1789. 1986.

A. NICOLAÎ, *Histoire de l'organisation judiciaire à Bordeaux et en Guyenne et du Barreau de Bordeaux du XIIIe siècle.* G. Gounouille, 1892.

F. OLIVIER-MARTIN, *Les parlements contre l'absolutisme traditionnel au XVIIIème*, L.G.D.J., Paris, 1997.

P. PAQUIN, *Essai sur la profession d'avocat dans les Duchés de Lorraine et de Bar au XVIIIe siècle : de la réforme judiciaire de Léopold 1er en 1698 à la révolution française*, Verdun, Fremont, 1967.

P. PEQUIGNOT, *Les avocats du barreau de Bordeaux au XVIIIe siècle*, Bordeaux, Durand, 1903.

A. POIROT, *Le milieu socio-professionnel des avocats au Parlement de Paris à la veille de la Révolution 1760-1790*, thèse de l'Ecole des Chartes, 1977.

A. SARRAZIN, *Le barreau de Rouen hier et aujourd'hui (1788-1888).* Rouen, Brière, 1898.

G. SAULNIER de la PINELAIS, *Le barreau du Parlement de Bretagne (1553-1790)*, 1896.

B. SUR, *Histoire des avocats en France. Des origines à nos jours*. Dalloz, 1997.

Sur les assemblées provinciales et les intendants

M.-T. ALLEMAND-GAY, Aperçu sur la mise en place de la réforme provinciale de 1787 en Lorraine, *MSHDB*, 2002, p. 221-245.

J. ARRIVETS, « L'assemblée provinciale de la généralité d'Auch », *Bulletin de la société archéologique du Gers*, 1932, p.246-276 et p.340-395 ; 1933, p.15-61 et p.312-361.

M. BARBIER, L'assemblée provinciale d'Alsace et la difficile mise en place des nouvelles structures administratives, dans S. ÉVRARD (dir.), *Réformer l'administration et réformer l'État. Jalons historiques et juridiques*. Paris, L'Harmattan, 2015, p.15-42.

L. BERTHE, Les Assemblées provinciales et l'opinion publique en 1787-1788, *Revue du Nord*, 1966, t. 48, n° 189, p. 185-200.

M. BIARD, *Les lilliputiens de la centralisation. Des intendants aux préfets : les hésitations d'un* « modèle français ». Paris, Champ Vallon, 2007.

P.-E.-R. BIZARDEL, *Une ébauche de décentralisation administrative à la fin de l'ancien régime : l'Assemblée provinciale du Nivernais*. Bordeaux, Thèse de droit de Paris, 1913.

M. BORDES, *L'administration provinciale et municipale en France au XVIIIe siècle*. Paris, SEDES, 1972, p. 160-172.

G. BOSCARY, *L'assemblée provinciale de Haute-Guyenne (1779-1790)*. Paris, 1932.

P. CHEVALLIER, *Journal de l'Assemblée des Notables de 1787 par le comte de Brienne et Etienne-Charles de Loménie de Brienne, archevêque de Toulouse*. Paris, 1960.

S. DURAND, *Pouvoir municipal : le cas de Mèze 1675-1815*. Montpellier, Thèse ès lettres, 2000.

S. EVRARD, L'intendant de Bourgogne Amelot, ses jurisconsultes et son comité contentieux : mieux éclairer l'Administration au profit des administrés (1784-1790) », *Actes du Colloque de Dijon, 4 novembre 2005, Moderniser l'Administration en Bourgogne dans les trois derniers siècles de l'Ancien Régime*, Dijon, *Annales de Bourgogne*, 2008, t. 79, p. 125-157.

S. EVRARD, La chambre des consultations du Conseil souverain d'Alsace : une institution tardive et méconnue (1784-1790), *Colloque d'Orléans, 12 décembre 2008*, « *Conseiller, légiférer, gouverner* », Presses universitaires d'Orléans, 2009, p. 13-36.

R. FAVIER (dir.), *Le Parlement du Dauphiné, des origines à la Révolution*, Grenoble, Presses universitaires de Grenoble, 2001.

H. FAYE, *Les Assemblées de la généralité de Tours en 1787*. Angers, Germain et Grassin, 1885.

H. FROMONT, *Essai sur l'administration de l'assemblée provinciale de la généralité d'Orléans (1787-1790)*. Paris, Thèse de droit, 1907.

C. GABOLDE, De la juridiction de l'intendant de Caen au conseil de préfecture du Calvados (1774-1800). *Bulletin de la société des antiquaires de Normandie,* tome LIII (1955-56), p. 316-354.

A. GAY, *Les intendants de Languedoc face aux autorités royales, provinciales et souveraines, à la fin de l'Ancien Régime (1749-1789).* Mémoire de maîtrise d'histoire, Montpellier, 1999.

R. GREVET, « Les discours des intendants de la monarchie française face aux assemblées provinciales (1787) », Publications del Parlament de Catalunya, Museu d'Historia de Catalunya, 2005, t. I, p. 201-211. [53e congrès de la Commission internationale pour l'histoire des assemblées d'États (CHRPI), Barcelone, 3-6 septembre 2003.

P. JAUBERT, Intendants de Guyenne et parlement de Bordeaux (1755-1790), pouvoir central et pouvoir régional. *Actes de l'Académie de Bordeaux*, 1994, série 5, tome XIX, p. 71-79.

A.-M. LEGAY, Les États provinciaux dans la construction de l'État moderne aux XVIIe et XVIIIe siècles, Genève, Droz, 2001.

J. LELIÈVRE, Le rôle financier des assemblées provinciales. Études sur l'histoire des assemblées d'États, Paris, 1966, p. 105-115.

MARTY, *L'administration provinciale dans le Poitou (août 1787-juillet 1790).* Brive, Chantrusse, 1933.

M. MARION, *Le garde des sceaux Lamoignon et la réforme judiciaire de 1788.* Paris, Hachette, 1905.

M. MARION, Dictionnaire des institutions de la France aux XVIIe et XVIIIe siècles. Paris, Picard, 1923, p. 27, V° Assemblées provinciales.

J.-L. MASSON, *Provinces, départements, régions : l'organisation administrative de la France.* Paris, thèse de droit, 1982.

C. MICHAUD, Les assemblées provinciales et l'exemple du Berry, M. PERTUÉ (dir), *L'administration territoriale de la France (1750-1940),* Orléans, Presses universitaires d'Orléans, 1998, p. 259-270.

F. MOURLOT, *La fin de l'Ancien Régime et les débuts de la Révolution dans la généralité de Caen (1787-1790).* Paris, 1913.

F. OLIVIER-MARTIN, *L'administration provinciale à la fin de l'Ancien Régime.* Paris, CNRS, 1988.

P. RENOUVIN, *Les assemblées provinciales de 1787. Origines, développements, résultats.* Paris, 1921.

S. SÉDILLOT, De l'ancien régime au nouveau : l'assemblée provinciale de Picardie, creuset du département de la Somme (1787-1790), dans S. ÉVRARD (dir.), *Réformer l'administration et réformer l'État. Jalons historiques et juridiques.* Paris, L'Harmattan, 2015, p.43-65.

Le Barreau de Bordeaux à travers les siècles. Bordeaux, 1982.

Index des noms propres cités

A

Acher, 141
Albert, 54, 65, 96
Albisson, 84, 85, 86
Amelot, 10, 43, 44, 54, 95, 98, 135, 138, 139, 145, 150, 152, 166
Antoine, 80, 100, 117
Ardascheff, 41
Arnoult, 65, 98, 99, 115

B

Ballainvilliers, 48, 56, 141, 151
Barberie de Saint-Contest, 43
Barnave, 93, 134
Barret, 117
Barthélémy d'Orbanne, 86
Bayard, 114
Beaumanoir, 19
Bergier, 100, 104, 123
Berryer, 24, 27, 29, 34, 102, 124
Blondel, 60, 94, 102
Boistel, 101, 139
Bonhomme, 116, 134
Bonnières, 66, 84, 92, 101
Bouchu, 39, 53
Boullet de Varenne, 102
Bourgogne, 7, 10, 14, 30, 35, 39, 40, 41, 43, 44, 46, 48, 52, 53, 54, 57, 65, 68, 70, 74, 94, 98, 99, 113, 114, 115, 118, 123, 135, 136, 138, 139, 145, 164, 166
Bretonnier, 25
Brissot, 28, 163
Brocheton, 118

C

Calonne, 59, 77
Camus, 77, 114
Caze, 47, 86, 114, 146
Caze de La Bove, 47
Charpentier, 103
Colbert, 38, 78
Cortot, 136
Couthon, 11, 83, 104
Cunin, 66, 104, 139
Cypierre, 47, 156

D

d'Agay, 102, 138
d'Aine, 44
D'Aine, 49
Davot, 43
de Bonnières, 101
de La Briffe, 41
de Sèze, 137, 144
Delaunay, 105
Deschamps, 105
Descotils, 52, 107

Despiau, 107, 134
Douet d'Arcq, 116
duc Stanislas, 69, 70, 80
Dupaty, 23, 137
Dupuis, 116
Duranteau, 107

E

Elie de Beaumont, 18, 23, 25, 91
Élie de Beaumont, 29
Esmangart, 46, 52, 55, 58, 141

F

Favier, 31, 108
Ferey, 92
Ferriol, 68, 119, 120

G

Galard-Magnas, 134, 149
Galas, 107, 116, 117
Garat, 88
Gaulthier de Biauzat, 108
Gautier, 120
Gerbier, 25, 29, 34, 89, 92, 102, 131, 132, 133, 148
Gin, 131
Giraudeau, 109
Godard, 25, 136, 137
Gossin, 109
Granier, 119
Guaita, 95
Guillet, 119
Guyot, 80, 129

H

Herman, 97

J

Jacob, 34
Jacquey, 110
Joly de Fleury, 40, 58

L

La Fayette, 11
La Tour du Pin-Gouvernet, 136
Lacoste, 43
Lamoignon, 21, 78, 130, 133, 136, 146
Lapeyre, 117, 134
Lavoisier, 11
Le Paige, 130
Le Paulmier, 58, 65, 110
Ledure, 117, 139
Lepage, 126
Lescalopier, 52
Ligeret de Beauvais, 95
Linguet, 23, 131, 164, 165
Loménie de Brienne, 59
Luppé, 117, 134

M

Malesherbes, 59, 92, 96
Marescot, 111
Marigo, 68, 119

Martignac, 84, 111
Martineau, 92
Maujean, 96, 117
Maupeou, 81, 91, 130, 148
Michelant, 119
Millot, 110, 113, 135
Montesquieu, 11
Moreau, 132
Morelet, 114
Morgan, 101, 114
Muyart de Vouglans, 131

N

Napoléon, 7, 19, 96, 109

O

Olivier, 114, 167
Orry, 42

P

Pothier, 101
Poullin de Vieville, 114

R

Ranfer, 29, 65, 74, 84, 94, 115, 123, 152
Reubell, 97
Richard, 117
Robespierre, 83, 104, 109, 125
Rochambeau, 11
Roederer, 65, 66, 78, 95
Rohan, 91, 102
Rome, 42, 54
Roussereau, 49

S

Saint-Guirons, 115
Sallé, 18, 30
Sieyès, 11

T

Tallien, 102
Target, 10, 25, 29, 66, 72, 84, 85, 89, 91, 92, 93, 94, 102, 122, 123, 131, 137, 172
Terray, 44, 53, 55, 58, 79, 81
Thibaudeau, 109
Thouret, 15, 134
Tronchet, 131

V

Villedeuil, 60, 78
Virely, 115
Voltaire, 10, 20, 23, 29, 122

W

Walsh, 105

Table des tableaux, portraits et annexes

Tableaux

Tableau 1 Les créations empiriques de comités contentieux 46

Tableau 2 La rémunération des avocats siégeant dans les comités 72

Tableau 3 Les membres des comités d'avocats 84-85

Portraits

Portrait 1 Barthélémy d'Orbanne 88

Portrait 2 Garat 90

Portrait 3 Target 93

Portrait 4 Albert 97

Portrait 5 Arnoult 100

Portrait 6 Deschamps 106

Portrait 7 Martignac 113

Annexes

Annexe 1 Création du comité contentieux de l'intendance d'Orléans (1780)

Annexe 2 Création du comité contentieux du Dauphiné (mai 1785) 158

Annexe 3 Création du conseil d'avocat de l'intendant de Tours (juillet 1787)

Annexe 4 Le comité d'avocats de Languedoc (1786) 160

Carte

Carte 1 Les comités créés en France (1776-1787) 75

Table des matières

Préface 9

Introduction 11

Chapitre 1
Les avocats en ébullition 17
1. Un monde traditionnel frappé par la modernité 21
2. Un ascenseur social 24
3. La crise du barreau 27

Chapitre 2
Les avocats et la tutelle administrative 37
1. Les abus de l'administration des communautés d'habitants 37
2. L'antidote : la régulation du gouvernement local 38
3. Le retour des errements passés 39
4. Des avocats conseils de l'administration 40
5. L'apparition des conseils d'avocats 41
6. Une extension aux pays d'élection et d'imposition 45
7. Leur généralisation en septembre 1787 47
8. Quelles compétences pour ces avocats conseils ? 51

Chapitre 3
Le rôle nouveau des avocats d'après la réforme de 1787 59
1. Un essai de déconcentration administrative 59
2. Des avocats érigés en conseils des communautés 60
3. Des revendications sociales et politiques qui émergent 63
4. Nombre et durée des mandats 64
5. Le mode de choix des avocats conseils 66
6. Leur rétribution 67

Chapitre 4
Des ténors du barreau aux modestes juristes 83
1. Les ténors : 6 jurisconsultes 85
2. Les espoirs : 29 avocats 96
3. Les « *petits* » : 20 avocats 115

Chapitre 5
Les critiques de la réforme par les avocats en 1787 129
1. Les barreaux qui admettent la réforme 134
2. Les barreaux opposés à la réforme 135

Conclusion 153

Annexes 157
Sources 163
Bibliographie 164
Index des noms propres 169
Table des graphiques, tableaux et portraits 173
Table des matières 175-176

Questions juridiques
aux éditions L'Harmattan

Dernières parutions

CONCILIATION ET MÉDIATION DEVANT LA JURIDICTION ADMINISTRATIVE
Actes du colloque du Conseil d'État du 17 juin 2015
Sous la direction de Jacques Biancarelli et Béatrice Blohorn-Brenneur
Voici près de 25 ans que le Conseil d'État, confronté à une judiciarisation croissante de la société, réfléchit aux modes alternatifs de règlement des différends afin de les pacifier et de rendre les justiciables davantage confiants en la justice administrative. Après avoir rappelé le contexte juridique et les enjeux d'une telle impulsion, un bilan comparatif des pratiques du juge administratif et du juge judiciaire a permis de mesurer combien il est nécessaire et urgent de compléter la boîte à outils dont dispose le premier. Voici une réflexion, les références et les outils nécessaires à la juridiction administrative.
(Coédition GEMME, 24.00 euros, 246 p.)
ISBN : 978-2-343-07270-8, ISBN EBOOK : 978-2-336-39774-0

L'ERREUR JUDICIAIRE
Apprendre à douter pour lutter contre les erreurs judiciaires
Sous la direction de Xavier Pin
L'erreur judiciaire hante autant qu'elle jalonne l'histoire de notre justice pénale. Nous avons tous en mémoire de retentissants procès ayant vu des individus accusés ou condamnés, avant d'être disculpés, graciés ou réhabilités. Le législateur y est sensible au point de réformer régulièrement la procédure pénale pour tenter d'éviter, de corriger ou de réparer, autant que possible, de telles erreurs. Une loi du 20 juin 2014 réforme les procédures de révision et de réexamen des condamnations pénales définitives : elle est l'occasion d'essayer de comprendre ces fiascos judiciaires.
(Coll. Droit privé et sciences criminelles, 15.00 euros, 126 p.)
ISBN : 978-2-343-07284-5, ISBN EBOOK : 978-2-336-39807-5

LE DROIT CONSTITUTIONNEL DE LA Ve RÉPUBLIQUE
(Treizième édition)
Lascombe Michel, Toulemonde Gilles
Cet ouvrage s'adresse aux étudiants en droit, aux élèves des instituts d'études politiques et aux candidats aux concours administratifs. Il couvre l'essentiel

du programme de droit constitutionnel, c'est-à-dire aussi bien les constitutions françaises depuis 1789 que l'actuel texte constitutionnel. Cette nouvelle édition tient compte des derniers développements induits par les changements politiques, des dernières réformes des règlements des assemblées et de la jurisprudence la plus récente.
(Coll. Logiques Juridiques, 42.00 euros, 506 p.)
ISBN : 978-2-343-07916-5, ISBN EBOOK : 978-2-336-39877-8

LA PROXIMITÉ EN DROIT INTERNATIONAL PRIVÉ DE LA FAMILLE
Bouyahia Sabrine Maya - Préface de Lotfi Chedly et Marie Goré
Parmi les méthodes proposées pour trancher les litiges présentant un élément d'extranéité, figure celle reposant sur le principe de proximité. L'étude porte sur deux systèmes de droit international privé de la famille différents (droit français et droit tunisien) pour mettre en exergue d'une part l'adaptation de cette méthode aux spécificités de chaque ordre étatique et d'autre part son adéquation avec tous les différents systèmes de droit.
(Coll. Logiques Juridiques, 54.00 euros, 618 p.)
ISBN : 978-2-343-05464-3, ISBN EBOOK : 978-2-336-39866-2

QUARTIER-FEMMES ÉCROU 10970
Boh-Petit Dominique
Cellule 24 : une femme dit toute sa souffrance d'être enfermée. Elle a tué. Son histoire est à la rubrique des faits divers. La Cour d'assises la jugera. Bien des années plus tard, elle est libérée. La vie doit reprendre. Ce récit est parfaitement conforme à la réalité. Tout a existé et existe encore.
(Coll. La justice au quotidien, 15.00 euros, 130 p.)
ISBN : 978-2-343-07436-8, ISBN EBOOK : 978-2-336-39812-9

GABELOUS ET CONTREBANDIERS
Histoire des fermiers généraux de Dijon (1760-1780)
Evrard Sébastien - Préface de Marc Fradet
En exhumant un registre du personnel de la direction des fermes de Dijon, l'auteur retrace, entre 1760 et 1780, la vie méconnue de centaines d'agents au service du doit et de l'impôt. Ces derniers servaient un système protecteur (la retraite fait son apparition dès 1768), parfois très rémunérateur, mais qui s'avère aussi, sous certains aspects, une machine à broyer les hommes : le régime des sanctions que met en place la Ferme est d'une efficacité redoutable. En définitive, la Ferme présente un aspect mitigé.
(Coll. Mémoires des Douanes, 28.50 euros, 278 p.)
ISBN : 978-2-343-06683-7, ISBN EBOOK : 978-2-336-39845-7

DICTIONNAIRE OHADA
(3e édition)
Bitsamana Hilarion Alain
Ce dictionnaire spécial du droit des affaires OHADA propose une définition claire et précise, avec tous les compléments nécessaires, des principaux termes utilisés tous les jours se rapportant à l'OHADA. Un ouvrage de référence

permettant de décoder l'OHADA, accessible à toute personne s'intéressant au monde des affaires en Afrique comme à l'étranger.
(39.00 euros, 398 p.)
ISBN : 978-2-343-07656-0, ISBN EBOOK : 978-2-336-39786-3

LA DÉJUDICIARISATION ET LES PROCÉDURES NON CONTENTIEUSES EN AFRIQUE
Amboulou Hygin Didace
La déjudiciarisation comprend l'ensemble des mécanismes de gestion des différends en rationalisant les moyens matériels et humains de la justice, afin de pallier les déficiences du système judiciaire et de limiter les surcharges des juridictions. Les institutions de nombreux pays sont analysées et les déjudiciarisations en droit public et en droit privé sont abordées.
(Coll. Études africaines, 17.50 euros, 156 p.)
ISBN : 978-2-343-06928-9, ISBN EBOOK : 978-2-336-39805-1

COMMENT RENFORCER L'INDÉPENDANCE DE LA MAGISTRATURE AU SÉNÉGAL ?
Ngom Babacar
Préface de Amadou Mahtar Mbow
L'ouvrage présente dans une première partie les garanties légales d'indépendance de la justice, notamment la règle de la séparation des pouvoirs, le principe de la soumission des juges à l'autorité de la loi et celui de l'inamovibilité du magistrat du siège. Après une analyse critique de ces dispositions, l'auteur formule des propositions de renforcement de l'indépendance de la magistrature.
(13.50 euros, 124 p.)
ISBN : 978-2-343-05158-1, ISBN EBOOK : 978-2-336-39837-2

LE DROIT PÉNAL DES AFFAIRES AU CAMEROUN
Djila Kouayi Kemajou Rose
Préface de Victor-Emmanuel Bokalli
Dans le domaine des affaires, la liberté d'entreprendre et d'investir comporte de nombreux risques, au rang desquels le risque pénal. La délinquance en col blanc n'étant plus réservée aux grandes sociétés commerciales, les moyens de lutte et de sécurisation des investisseurs nécessitent un droit pénal des affaires dont l'objectif est la recherche d'une éthique dans ce domaine.
(Coll. Études africaines, 35.50 euros, 350 p.)
ISBN : 978-2-343-07840-3, ISBN EBOOK : 978-2-336-39777-1

50 ANS DE MARIAGE
Réflexions d'un notaire sur l'évolution du couple ces cinquante dernières années
Dauptain Pierre
De la pilule contraceptive jusqu'au mariage pour tous, l'auteur nous propose une réflexion sur les lois qui ont accompagné l'évolution du couple au cours des cinquante dernières années. Il analyse cette évolution pour aborder les problématiques juridiques et morales qui font tant débat de nos jours. Il s'appuie sur des travaux de juristes ou de sociologues, des articles de presse, mais aussi sur

les chansons et les films qui ont marqué ces années et qui témoignent de façon si éclairante des changements de mentalités.
(Éditions Pepper, 16.50 euros, 148 p.)
ISBN : 978-2-343-07677-5, ISBN EBOOK : 978-2-336-39690-3

MÉTHODOLOGIE ET ASPECTS FORMELS DE LA RECHERCHE
Petit manuel à l'usage des juristes
Marain Gaëtan
L'ouvrage propose un véritable apprentissage du formalisme qui doit permettre aux étudiants et aux professionnels confrontés à la rédaction d'une thèse ou d'un mémoire juridique d'aborder ce travail avec sérénité. L'auteur donne une méthode de recherche pour définir le sujet, trouver et compulser les références utiles, échafauder un plan. Il aborde également les thèmes des citations d'auteur, notes de bas de page, mise en page. Il traite enfin du travail de relecture et de l'épreuve de soutenance.
(19.00 euros, 178 p.)
ISBN : 978-2-343-07638-6, ISBN EBOOK : 978-2-336-39556-2

RISQUES, ACCIDENTS ET CATASTROPHES
Liber amicorum
En l'honneur de Madame le professeur Marie-France Steinlé-Feuerbach
Sous la direction Hervé Arbousset, Caroline Lacroix et Benoît Steinmetz
L'étude et l'analyse des risques sont au cœur des réflexions du Professeur Steinlé-Feuerbach. Ses nombreux écrits de doctrine sur la thématique des accidents et des catastrophes ont amené à ce que ses collègues et amis lui dédient cet ouvrage. Ces mélanges donnent une vue d'ensemble d'une matière devenue une véritable discipline transcendant le clivage droit public-droit privé.
(Coll. Sciences criminelles, 34.00 euros, 334 p.)
ISBN : 978-2-343-07169-5, ISBN EBOOK : 978-2-336-39677-4

ÉTAT, COLLECTIVITÉS TERRITORIALES ET DROITS SOCIAUX
Étude du droit comparé
Sous la direction d'Olivier Lecucq
Comment, selon leur organisation territoriale respective, La France, l'Espagne et l'Italie œuvrent à la satisfaction des droits sociaux. Quels sont les rôles de l'État en ce domaine ? Quelles sont les actions qui en découlent et comment se coordonnent-elles ? Quelles en sont les implications en termes d'égalité des citoyens et des territoires ? L'ouvrage tente de répondre à ces questions en interpellant la réalisation de l'État social dans un contexte de crise, de réduction des déficits et de maîtrise des dépenses.
(Coll. Bibliothèques de droit, 22.50 euros, 221 p.)
ISBN : 978-2-343-07585-3, ISBN EBOOK : 978-2-336-39683-5

L'Harmattan Italia
Via Degli Artisti 15; 10124 Torino
harmattan.italia@gmail.com

L'Harmattan Hongrie
Könyvesbolt ; Kossuth L. u. 14-16
1053 Budapest

L'Harmattan Kinshasa
185, avenue Nyangwe
Commune de Lingwala
Kinshasa, R.D. Congo
(00243) 998697603 ou (00243) 999229662

L'Harmattan Congo
67, av. E. P. Lumumba
Bât. – Congo Pharmacie (Bib. Nat.)
BP2874 Brazzaville
harmattan.congo@yahoo.fr

L'Harmattan Guinée
Almamya Rue KA 028, en face
du restaurant Le Cèdre
OKB agency BP 3470 Conakry
(00224) 657 20 85 08 / 664 28 91 96
harmattanguinee@yahoo.fr

L'Harmattan Mali
Rue 73, Porte 536, Niamakoro,
Cité Unicef, Bamako
Tél. 00 (223) 20205724 / +(223) 76378082
poudiougopaul@yahoo.fr
pp.harmattan@gmail.com

L'Harmattan Cameroun
TSINGA/FECAFOOT
BP 11486 Yaoundé
699198028/675441949
harmattancam@yahoo.com

L'Harmattan Côte d'Ivoire
Résidence Karl / cité des arts
Abidjan-Cocody 03 BP 1588 Abidjan 03
(00225) 05 77 87 31
etien_nda@yahoo.fr

L'Harmattan Burkina
Penou Achille Some
Ouagadougou
(+226) 70 26 88 27

L'Harmattan Sénégal
10 VDN en face Mermoz, après le pont de Fann
BP 45034 Dakar Fann
33 825 98 58 / 33 860 9858
senharmattan@gmail.com / senlibraire@gmail.com
www.harmattansenegal.com

www.ingramcontent.com/pod-product-compliance
Lightning Source LLC
LaVergne TN
LVHW021211061026
849535LV00008B/2686